启真馆 出品

探究瓦格纳

[德] 特奥多·阿多尔诺 —— 著

夏凡 —— 译

浙江大学出版社
ZHEJIANG UNIVERSITY PRESS

阿多尔诺文集

献给 格丽泰
马是英雄时代的幸存者

瓦格纳的歌剧作品

wwv31《婚礼》，写于 1832 年，首演于莱比锡，1838 年。

wwv32《仙女》，写于 1833—1834 年，首演于慕尼黑，1888 年。

wwv38《禁色》(《巴勒莫的见习修女》)，写于 1834—1836 年，首演于马格德堡，1836 年。

wwv49《黎恩济》(《罗马的最后一位护民官》)，写于 1837—1840 年，首演于德累斯顿，1842 年。

wwv63《漂泊的荷兰人》，写于 1840—1841 年，首演于德累斯顿，1843 年。

wwv70《汤豪舍》，写于 1842—1845 年，首演于德累斯顿，1845 年。

wwv75《罗恩格林》，写于 1845—1848 年，首演于魏玛，1850 年。

wwv86《尼伯龙根的指环》，四联剧，首演于拜罗伊特，1876 年。《莱茵的黄金》写于 1851—1854 年，《女武神》写于 1851—1856 年，《齐格弗里德》写于 1851—1871 年，《众神的黄昏》写于 1848—1874 年。

wwv90《特里斯坦与伊索尔德》，写于 1857—1859 年，首演于慕尼黑，1865 年。

wwv96《纽伦堡的名歌手》，写于 1845—1867 年，首演于慕尼黑，1868 年。

wwv111《帕西法尔》，写于 1865—1877 年和 1882 年，首演于拜罗伊特，1882 年。

前　言

　　《探究瓦格纳》写于 1937 年秋至 1938 年春，写于伦敦和纽约。它和马克斯·霍克海默写于 1936 年的论文《利己主义与解放运动：略论资产阶级时代的人类学》有着密切的关联，也跟社会研究所那几年发表的其他著作有关。本书全文首次由苏尔坎普出版社 1952 年出版。

　　本书有 4 章首次发表于《社会研究杂志》的第一卷和第二卷，分别是第 1、2 章和最后两章。这些杂志大多毁于德国占领法国期间，只留下了少数几份。作者认为，在出版一本书的时候不应改动已经付印的章节。他的修改仅限于未发表过的几章；他认为可以把后来的想法加进去。另一方面，几乎没有关注新出现的论瓦格纳的二手文献。在这方面，和路德维希国王的通信以及欧内斯特·纽曼作的不朽传记的最后两卷为评价瓦格纳的社会性格提供了宝贵的新材料。作者现在确信，它们佐证了本书的观点。

　　平装版修订了印刷错误，除此之外就只有为数不多的小修改。作者近来对瓦格纳的观点不适合本研究的框架。他的论文《帕西法尔的曲谱》收录于《音乐要素》一书；1963 年 9 月在柏林节上的谈话"瓦格纳和今天的相关性"则尚未付印。

作者谨识

1963 年 12 月

目录

1. 社会性格

如果以搬上舞台演出为标志的话，那么瓦格纳的歌剧处女作应该是《禁色》(《巴勒莫的见习修女》)①。其剧本取材于莎士比亚的《恶有恶报》，但是用瓦格纳自己的话说，两者的区别在于"伪善仅仅遭到了爱情本身的复仇权力的审判"，而不是戴着政治权力的假面具的复仇权力。对 21 岁的作曲家来说，或者就像老人回顾他的青春那样，莎士比亚的喜剧似乎沾染了《阿丁赫洛》和《年轻的欧洲》②的想象世界的色彩。"我的诠释的基调是直接针对宗教的伪善，因此大胆地欢呼'自由的感性'。我尽量只用这一观点来打造莎士比亚的严肃题材。我只看到无情的、恪守道德的统治者对美丽的见习修女产生了炽热的激情。"——于是他悔其少作，谴责自己早期作品里的费尔巴哈调调。费尔巴哈的人本学使瓦格纳轻视了戏剧本身的"正义"就足以推动莎

---

①《禁色》，或译为《禁恋》或《爱情的禁忌》，瓦格纳（1813—1883）写于1834—1836 年间的歌剧，1836 年首演于马格德堡。为了通过审查，上演时改名为《巴勒莫的见习修女》。此前瓦格纳还写过两部歌剧，《婚礼》（写于 1832 年，1838 年首演于莱比锡）和《仙女》（写于 1833—1834 年，瓦格纳生前未上演，1888 年首演于慕尼黑）。——中译者注

②《阿丁赫洛》(Ardinghello)是威廉·海因斯（Wilhelm Heinse）的小说，1787 年发表，它坦率地赞扬了古希腊的异教式情欲。《年轻的欧洲》(Das junge Europa)是亨利希·劳贝（Heinrich Laube）的三部曲小说，发表于 1833 年至 1837 年。它表现了劳贝（乃至青年德意志运动）的革命理想和后来的失望、顺从，他接受了德国现存的社会秩序，仍隐隐期盼着更好的未来。——英译者注

士比亚那里的对抗力量的发展。《禁色》在其地方性初演惨遭滑铁卢之后便立即被人遗忘，哪怕在瓦格纳出名之后，古典语文学家们的热情也无法让这部戏起死回生。在他的下一部歌剧中，关于正义的作品似乎对伪善变得更宽容了：《黎恩济》不仅是瓦格纳的成名作，使他声誉鹊起，有了一定的社会地位；直到最近，它引起的欢呼声仍然充满了歌剧厅，哪怕它和《巴勒莫的见习修女》一样，迈尔贝尔的诗句和瓦格纳的"乐剧"[①]的规范完全不相容。当然，早在开场戏中，瓦格纳就放弃了他先前对自由感性的欢呼。他反而谴责它。一帮青年贵族企图劫走贞洁的伊蕾娜。她盲目地热爱着兄长黎恩济、最后一位罗马护民官和第一位资产阶级恐怖分子。瓦格纳不仅完全忠实于原著小说，也赞赏地揭示了黎恩济的"解放运动"的真理："我要为罗马的孩子们赢得自由！让任何人都没有不检点的行为，做个地道的罗马人！让这一天早日到来，雪耻的雪耻，报仇的报仇。"（第一幕，第 1 场）此后，"不检点的行为"只有在得到允许的情况下才能存在：作为道德允许的复仇行动。可是当阿德里亚诺·柯隆纳，封建势力的动摇派代表，称主张复仇的黎恩济为"沾满鲜血的自由之神"的时候，他没有察觉到自己的阶级正是取缔不检点行为的禁令的主要受益者。黎恩济向他鞠躬，并且说："我知道你一直是高贵的，义人没有理由厌憎你。"（第一幕，第 2 场）瓦格纳的舞台说明极尽赞美之能事："和平的使节是来自最好的罗马家庭的青年人。他们身披仿古典风格的白色丝袍，头戴花环，手持银杖。"[②]最好的家庭是属于民族共同体的："我

---

① 瓦格纳把歌剧改造成了"乐剧"（英文为 Music Drama，直译过来就是"音乐剧"），它结合了文学、表演和音乐，成为综合的艺术作品（德语里叫作 Gesamtkunstwerk）。——中译者注

② 第二幕，第 1 场。

不会胆大妄为，想要消灭你的阶级。我只想建立法制，让贵族和平民一样遵守。"（第一幕，第 2 场）名义上，被压迫者也被吸收进这一共同体："好的，我要让罗马变得伟大而自由，我将把它从沉睡中唤起。你看到的那个蒙尘的人，我将把他变为自由的罗马公民。"（第一幕，第 2 场）如果"自由的英雄"让封建领主看到他无意伤害他们，那么他就把被压迫者的需要限制在了意识之中，从而维持了平衡："给思想低下的人带去光明，将落入尘土的东西举起来。你把人民的耻辱变成了伟大、光荣和辉煌。"（第五幕，第 1 场，黎恩济的独白）简言之，罗马的起义反对的是放荡的生活方式，而不是反对阶级敌人。其幼稚的逻辑性仅仅在于彻底的政治行动是由阿德里亚诺家的私人争吵引起的。黎恩济的革命从一开始就是以社会团结为目标的。当他听到各个敌对党派的口号"为了柯隆纳！""为了欧西尼！"的时候，他像一位极权主义意识形态的先知那样扔回去一句格言："为了罗马！"作为更大的社会总体性的第一仆人，独裁者黎恩济轻蔑地拒绝了国王的头衔，正如后来的罗恩格林拒绝了公爵的爵位那样。作为交换，他当然乐意预先接受胜利的花冠，也欣然将花冠赠予他人。另一个舞台说明同样遵从了利己主义和解放运动的范畴[1]，其中写道："黎恩济作为护民官上场，穿着奢华铺张的长袍。"[2] 我们几乎可以从这一古装剧中模糊地认识到，英雄的真正本性在于他的自我认知。傲慢自大——不仅是瓦格纳的全部作品的特征，也是法西斯主义象征的特征——来源于对资产阶级恐怖主义的暂时性的预感，来源于自诩的英雄主义当中潜

---

[1] 参见马克斯·霍克海默（Max Horkheimer）：《利己主义与解放运动》（*Egoism and the Movement for Emancipation*），载于《社会研究杂志》（*Zeitschrift für Sozialforschung*），第 5 卷（1936 年），第 161 页以下。

[2] 第二幕，第 1 场。

藏的死亡本能。追求长生不朽的人怀疑他的成就能不能让他继续存活下去，于是他用节日庆典来庆祝自己的葬礼。在瓦格纳的解放的表面背后，死亡和毁灭分立两厢，等候着上场：历史的废墟砸碎了失败的众神的头颅和罪恶累累的指环世界。

瓦格纳本人后来的观点是，"他的更成熟的艺术表达的作品"达成了他早期作品里"两种倾向之间的和谐"。也就是说，无拘无束的性爱和禁欲主义的理想。不过，两者的和谐是以死亡的名义达成的。幸福和死亡成了一回事：布伦希尔德在第三幕的结尾献身于她所爱的齐格弗里德，只为了"一次可笑的死亡"——她指的是醒来后回归生活。伊索尔德也是一样，将她的肉身死亡体验为"最高的幸福"。即使在《汤豪舍》中，性和禁欲的对立都成为公开的主题了，它们的和解依然在死亡的时刻达成。他对"清教徒的伪善"的敌视根本没有消尽。欢迎叛徒汤豪舍（不情愿地）回到他们的道德圈子里来的骑士们，现在要杀死他，因为他们的道德情感被他激怒了：他"在极致的离去中"学到了他们的中上阶级世界禁止他们知道的东西。群众报之以黎恩济式民族共同体的"暴风雨般的掌声"，而在这一情形中，民族共同体的契约并未签署。圣洁的伊丽莎白在某种程度上是同情忤逆的享乐主义的。这证明了她的价值，因为她为反对秩序而死，而她保护他不受那一秩序的影响。禁欲主义和背叛联合起来反对规范。因此，骑士们、行会师傅们和所有中间等级的人物都被瓦格纳给了差评：洪丁，最早的丈夫，被发配到没有繁文缛节的底层世界。然而，沃坦发配洪丁时那一轻蔑的挥手本身必然是恐怖主义的姿态。对资产阶级的这种诽谤——资产阶级马上就十分迅速地在《纽伦堡的名歌手》里庆祝自己的复活——所起的作用和极权主义时代是一样的。并不是有了不同的人性理想。它所有的目的都是摆脱中间等级的义务。无足轻重者得到惩罚，显贵们却逍遥法外。无论如何，这也发生在《尼伯龙根的指环》中。沃坦看似在平息叛乱，实则只是为了他的普世帝国主义计划的利益，为了行动自由的范畴（"没有任何书面条约束缚着你，坏蛋，和我"）和背约的范畴（"在任何力量放肆地捣乱之处，我都直言不讳地宣战"）[1]。至高无上的神把他的受监护人丢弃于危难之中，而且想不到更好的办法来解决他的政治矛盾，却匆忙打断和顾问（布伦希尔德）的讨论，并在布伦希尔德执行他的原初计划时无情地惩罚她，只是为了最终带着父亲的伤感向她告别。

按照纽曼的说法，瓦格纳在他第一次逗留巴黎期间表达了他对自己的一张照片的厌恶："它让我看起来像个多愁善感的马拉。"[2] 美德是它所散播的恐怖的感性映现。这一情感设定了瓦格纳的结构中的不祥特征：那些祈求同情的人。值得注意的是，瓦格纳不同于前辈，他不是牧师和官员的儿子，而是出自半吊子艺术家的波希米亚氛围，这在当时的德国是全新的。同样值得注意的是，瓦格纳成名的时期恰好是经济上的危险阶段：歌剧不再受到宫廷的庇护，但也还没有获得民法的保护和常有的高贵[3]。在一个连成功的作曲家洛青都会饿死的职业世界里，瓦格纳必须发展出能够让他赢得资产阶级目标的技艺，并不惜以他的资产阶级正直为代价。在参加了巴枯宁的起义而被迫逃离德累斯顿之后几个星期，他写信给李斯特，要求帮他从魏玛大公爵夫人、柯堡公爵和普鲁士公主那里拿到薪水[4]。对瓦格纳的没骨气表示愤慨是不恰当的，但不容否认的是，这种没骨气深深地进入了他的作品的中

---

[1]《齐格弗里德》，第二幕第 1 场，以及《女武神》第二幕第 1 场。

[2] Ernest Newman, *The Life of Richard Wagner*, Vol. I, Lordon, 1933, p.18.

[3] Ernest Newman, *The Life of Richard Wagner*, Vol. I, p.135 以下，尤其是 p.137。

[4] *Correspondence of Wagner and Liszt*, Vol. I, New York, 1969, p.29.

心。体现这种没骨气的是齐格蒙德。作为一个无休止的漫游者，他祈求同情，并以此作为求得女人和武器的手段。在这一过程中，齐格蒙德利用了言语的道德论转向：他声称自己为受迫害的无辜者和挫败的爱情而奋斗。于是他成了这样一种革命者：他叙述已经过去的英雄事迹，以安慰那些遭到蔑视的中间等级的成员。这里的关键不是欺骗，故作姿态。他的罪过不在于撒谎，而在于祈求同情，从而表达了对统治阶级的承认和认同。祈求中的无拘无束意味着资产阶级规范的一种特殊的独立性。但是在这里，它有着完全相反的意义。现存秩序对抗议者的支配力量使得后者无法与权力分开，甚至不能进行任何真正的反抗。同样，当瓦格纳的和声从导音开始下降以及从属音下降到主音的时候，也缺少了张力。它就像妈妈的小男孩的那种巴结腔调，为了保证父母不会拒绝他，劝说自己和别人相信他那慷慨的父母不会拒绝他的任何要求。移民的前几个星期让瓦格纳震惊，使他非常接近这种谄媚心态。36岁的作曲家刚刚写完《罗恩格林》并已经开始写《尼伯龙根的指环》了，1849年6月5日，他写信给李斯特："像一个被祖国宠坏的孩子，我叫喊着：'只要让我回家，待在小树林边上的小屋里，就让魔鬼去照料这个我并不想征服的伟大世界吧。因为它的所有物要比它纯粹的外观更可恶。'"[1] 在同一封信里，他又补充说："我经常像一头渴望着牛棚和妈妈的乳房的小牛犊那样哀鸣着。我鼓足了全部勇气，可还是最可怜的懦夫！尽管你慷慨解囊，我还是经常面临现金短缺的致命恐怖。"[2] 资产阶级对瓦格纳的支配是绝对的，瓦格纳这个资产阶级发现他无法满足资产阶级对体面的要求。祈求同情为利益冲突提供了一个似是而非的解决方案，使受害者能够认同其压迫

---

[1] *Correspondence of Wagner and Liszt*, Vol. I, p.23.

[2] *Correspondence of Wagner and Liszt*, Vol. I, pp.26–27.

者的事业：即使在瓦格纳正式的革命文献中，国王也扮演了正面角色。在瓦格纳的乞丐角色中，他违反了资产阶级的工作伦理的禁忌，但他的祝福有助于恩公的荣耀。他是资产阶级的个人范畴的功能变换的一个早期例证。在个人同社会权力的绝望斗争中，个人试图通过认同那一权力并将这一转向合理化为真正的自我实现，以避免自身的毁灭。无能的请愿者变成了悲剧性的歌颂者。在后来的历史阶段中，这些特征获得了最重大的意义，当暴君在危机中走向自杀时，会当众痛哭流涕，为他们的话语赋予哀婉的调子。因为资产阶级性格崩坏的焦点——以它自身的道德来衡量——是它后来在极权主义时代的转型的原型。

即使在后来的岁月中，瓦格纳也暴露出这种嫉妒、伤感和破坏性的综合。他的追随者格拉斯纳普在回忆瓦格纳最后一次威尼斯时期时，描述道："他看到无数紧闭的无名宫殿，大喊道：'那是财产！一切腐败的根源！蒲鲁东的观点太物质、太隔靴搔痒了！对财产的考虑决定了绝大多数的婚姻，反过来，这是种族退化的根本原因。'"[1] 这里我们看到了整个缩影：看穿了占统治地位的所有制形式毫无意义，该洞见却先被扭曲为对享乐的愤怒，然后被去政治化为"太隔靴搔痒"，最后用生物学概念替代了社会概念，从而遮蔽了它。在拜罗伊特阶段，瓦格纳的个性就是独裁风格的。无可指摘的格拉斯纳普再度成为见证者："还有一个特征值得我们注意，一个不仅仅属于他一生的这个最后阶段的特征。不可能对他隐瞒任何事情，他总是知道一切。无论瓦格纳夫人想给他任何惊喜，他都会在头一天夜里梦到，并且在早上告诉她。"简言之，如德国谚语所云，他在你的汤里吐唾沫。

[1] Carl F. Glasenapp, *Das Leben Richard Wagners*, Vol. 6, Leipzig, 1911, p.764.

格拉斯纳普继续写道:"这种看穿一切人的能力简直如魔鬼般吓人,尤其对陌生人而言:瓦格纳直慑人心的凝视使他能够匆匆一瞥就察觉别人的弱点,因此尽管他根本无意冒犯别人,却戳到最痛的点。"①

这一倾向尤其体现在瓦格纳是如何对待《帕西法尔》的犹太指挥家上。自由派积极分子常常用瓦格纳跟赫尔曼·列维的友谊来证明他的反犹主义的无害性。格拉斯纳普的编年史尽管意在强调瓦格纳的仁慈和心胸宽广的一面,却无意间泄露了真相。1881年6月18日,列维赴"渴望和平之家"(瓦格纳在拜罗伊特的寓所)用午餐迟到了十分钟。瓦格纳用下面的话斥责他:"你迟到了十分钟:不守时仅次于不忠诚。"甚至在坐下来吃饭之前,他就交给列维一封匿名信,信中请求他不要让《帕西法尔》由一个犹太人来指挥。列维沉默地坐在桌边,当瓦格纳问他为何一言不发时,按照列维本人的叙述,他回答道,他不能理解为什么瓦格纳不把信撕掉。按照列维的说法,瓦格纳的回答是:"我来告诉你为什么……如果我不向任何人展示这封信就把它毁掉,那么它的内容仍然会继续影响我。而现在,我可以保证我再也不会记得它了。"没有告别,列维就去了巴姆堡,并在那里向瓦格纳发出紧急请求,辞去他的《帕西法尔》指挥之职。瓦格纳回电报说:"朋友,我们最殷切地期盼你尽快回来;争论的问题是很容易解决的。"列维坚持辞职,而他收到了这样一封信:"我亲爱的、最好的朋友。你的情感很高尚,但你自己肯定不好过,而我们也不好过!你那忧郁的内向性格给我们的关系笼上了阴影!我们一致同意应该把这件破事儿告诉全世界,因此,你不离开我们,以免人们产生误会,是非常要紧的事。看在上帝的面上,回到我们中间来吧,日久见人心

---

① Carl F. Glasenapp, *Das Leben Richard Wagners*, Vol. 6, p.771.

啊！保持你的忠诚，但也要保持勇气！——也许，这会是你的生命的转折点——但无论如何，你是我的《帕西法尔》的指挥。"[1]

羞辱的施虐狂欲望，多愁善感的安慰，然而首先是让被虐待的列维回来的强烈愿望——这一切都进入了瓦格纳的诡辩：的确是魔鬼，但不是格拉斯纳普所说的那种魔鬼。一切安慰的话都伴随着新的刺痛。属于同样的魔鬼学的还有瓦格纳在自传中的回忆，说他自己在没上学的时候伙同一群学生袭击了莱比锡的两家妓院。即使在事后的追述中，他也没有扔掉用来掩盖这一清洗行动的道德主义面纱："我不相信这一愤怒的表面动机——也就是说，那是对公共道德的严重威胁——对我有任何影响；相反，是对这些大众情绪的魔鬼般的狂怒拉动了我，像疯子那样闯进了他们的漩涡中。"[2]

如果说，作为受害者的瓦格纳祈求同情并因此走向了统治者，那么他也倾向于蔑视受害者。他同列维的猫捉老鼠游戏也反映在他的作品中。沃坦和米梅打赌，以米梅的脑袋为赌注，但米梅并没有跟他对赌，也不想赌：侏儒处在神的掌控之中，正如瓦恩弗里德的客人处在主人的股掌之间。整部《齐格弗里德》的行动都取决于这一事件，米梅要杀死齐格弗里德的唯一原因就是沃坦向齐格弗里德保证米梅会掉脑袋[3]。伤害之上，再加侮辱：这就是瓦格纳的待人之道，尤其是对较为底层的人。"挠着他的头"的阿尔贝里希被他渴求的自然神灵嘲笑，说他"是个黝黑的、卑劣的阴间侏儒"。在尼伯海姆，沃坦和罗

---

① Carl F. Glasenapp, *Das Leben Richard Wagners*, Vol.6, pp.500–502.

② R. Wagner, *My Life*, London, 1911, p.49; 另见 Newman, Vol.Ⅰ, p.87. 袭击的借口是针对"一位遭人恨的法官"的愤怒，"有流言说，这位法官非法地保护了那个地区的一所声名狼藉的房子"。

③ "从今往后，好好留意你的聪明脑袋：/ 我找个人来没收它 / 一个无所畏惧的人（指齐格弗里德）！"参见《齐格弗里德》第一幕，第 2 场。——英译者注

格取笑米梅的痛苦①。齐格弗里德折磨侏儒，只因为"受不了他"②。齐格弗里德高贵的光晕未能阻止他把快乐建立在别人的无能之上。在《纽伦堡的名歌手》中，老保姆玛格达勒娜的嘲笑是对纯洁性的崇拜的反面。贝克梅瑟也是个受害者：为了获得资产阶级的尊严和有钱的新娘，他被迫参加非资产阶级的假面舞会，亦即小夜曲歌咏比赛的封建主义游戏。这种竞争的形式是资产阶级必需的，但也是资产阶级习惯于破坏的。在《帕西法尔》中，克林莎——基督教世界的阿尔贝里希——被孔德丽嘲笑了："你纯洁吗？"圣杯骑士和地狱玫瑰（孔德丽）一起嘲笑他："他对自己施暴，然后转向圣杯，卫兵蔑视地把他赶了出去。"（第一幕）狄都雷尔对待自我阉割的忏悔者就像教皇对待汤豪舍一样③。然而在成熟的瓦格纳那里，再也没有取消那一判决的权威了。相反，我们看到了瓦格纳式的幽默感。坏蛋们经过他们所遭受的谴责，变成了滑稽人物：阿尔贝里希和米梅之类畸形的侏儒，贝克梅瑟之类被粗暴对待的单身汉。瓦格纳的幽默执行着残酷的处罚。他复活了几乎被人遗忘了的早期资产阶级的幽默，那时的资产阶级继承了魔鬼的龇牙咧嘴的笑，但现在那笑容却僵在同情和诅咒之间。马伏里奥（《第十二夜》）和夏洛克（《威尼斯商人》）是瓦格纳在戏剧中的前辈。问题不仅仅在于嘲笑可怜的恶魔，笑声引起的兴奋中，他遭受的不义的记忆被删除了。笑声对正义的搁置，变质为颁发给不义的许可证。当沃坦欺骗巨人兄弟，不想把契约里答应的弗蕾娅交给他们时，他的做法是假装那个契约只是戏言而已："我只是开个玩笑，你

---

① 参见《莱茵的黄金》，第3场。在那里，阿尔贝里希占有了指环和隐形盔甲，从而统治了米梅，强迫米梅为他劳动。——英译者注

② 参见《齐格弗里德》第一幕，第1场。在那里，齐格弗里德牵来的熊吓倒了米梅。——英译者注

③ 他诅咒他永世不得翻身（第三幕，第3场）。——英译者注

们居然狡猾地当真了！"（《莱茵的黄金》，第2场）认为某事只不过是玩笑，是将最坏的事情合理化的一种屡试不爽的手段。瓦格纳在德国传统的童话故事中找到了这种做法的先例。再也没有比荆棘丛中的犹太人的故事更合适的了。"现在，犹太人陷在荆棘丛中了，好小子便冒出了一个淘气的念头：他掏出了小提琴，开始演奏。犹太人的脚一开始抽搐，他就开始跳跃。小伙子演奏得越多，犹太人的舞就跳得越好。"瓦格纳的音乐也是这样一种对待恶棍们的"好小子"，恶棍们受苦的喜剧不仅给折磨他们的人带来了快乐，也窒息了对该喜剧的一切怀疑和疑问，并且以最高权威自居。在私人关系中，瓦格纳的这种幽默感遭到了李斯特和尼采的反感。他亲自现身说法："瓦格纳对尼采的妹妹说：'你哥哥和李斯特一模一样。他也不喜欢我的笑话。'"①有一次，在一个后来臭名昭著的场景中，瓦格纳冲着尼采发火，尼采则默不作声。瓦格纳认为，要是尼采的举止能够文雅一些，就一定会前途无量；而他自己，瓦格纳，一生都意识到这一缺失。这是一种把对象一杆子打翻而且不容置喙的策略，它把敏感歪曲为粗鲁，并且美化了粗糙，视之为天才的活力。然而，更糟糕的是，瓦格纳的幽默最黑暗的秘密在于它不仅反对它的受害者，也反对瓦格纳本人。

因为笑声过早地搁置了正义，所以付出了过高的代价：丧钟敲响了，咧嘴大笑的鬼脸僵住了。他不是那种健康的犬儒主义，用人和动物的相似性来警醒人们，唤醒他们对"生灵涂炭"的记忆，而是败坏的犬儒主义，觉得自然的统一性就在于所有的一切、人和动物、受害者和法官都罪该万死，通过指出他自己的道德沦丧，将受害者的毁灭合法化。希尔德布兰德从格奥尔格圈子那里学会了不信任幽默，他认为瓦格纳的犬儒式自我谴责才是他和尼采爆发冲突的真正原因。"有

---

① Kurt Hildebrandt, *Wagner und Nietzsche*, Breslau, 1924, p.291.

一句特别的评论触到了尼采的痛处。有一次"——发生在尼采和瓦格纳在索伦托的最后一次逗留期间——"谈话转向了拜罗伊特音乐节可怜的上座率。正如尼采的妹妹讲述的那样，瓦格纳愤怒地注意到，德国人现在不想听到异教的神和英雄，他们想看基督教的东西。"[1] 问题不仅仅在于《帕西法尔》的制造方式是否真的攸关拜罗伊特创始人的经济利益，同样重要的是他自暴自弃的姿态：他不仅毫不羞耻地乞求，他也想要指责自己的欺骗，几乎是故意把致命武器交到尼采手上。《帕西法尔》的作者承认自己是克林莎，口号"救赎者的救赎"带着不祥的言外之意。当然，我们还不清楚，这种胜之不武的胜利会不会让尼采和效仿他的格奥尔格派高兴。瓦格纳背叛了他自己梦想的幸福——他的作品始终期盼着背叛——他允许他的目光暂时离开世界的不幸，哪怕世界需要梦想："他们想看基督教的东西"。

嘲笑受害者和自我谴责之间的矛盾界定了瓦格纳的反犹主义。抢夺黄金的、看不见的、匿名的剥削者阿尔贝里希，耸着肩膀满不在乎、唠唠叨叨充满了自夸和狡诈的米梅，无能的知识分子批评家汉斯立克－贝克梅瑟[2]，瓦格纳作品中所有被拒绝的人都是犹太人的漫画像。他们激起了德国人对犹太人最古老的仇恨，而《纽伦堡的名歌手》的浪漫主义有时似乎预示着 60 年之后才出现在大街上的辱骂歌曲："高贵的施洗者，基督的先驱，友好地接纳我们，在那约旦河边。"（《齐格弗里德》，第一幕，第 1 场）瓦格纳和被马克思叫作"1848 年的德国社会主义"的其他代表人物有着共同的反犹主义倾向。但是他的反犹主义纯属个人的怪癖，顽固地不容置喙。它造就了瓦格

---

[1] *Ibid.*, p.344.

[2]《名歌手》里的贝克梅瑟是以批评家爱德华·汉斯立克（Eduard Hanslick，1825—1904）为原型的，他是瓦格纳的死对头，是勃拉姆斯的铁杆拥趸。——英译者注

纳式的幽默。厌恶和嘲笑相逢在文字的碰撞中。齐格弗里德对米梅说："我看到你站着，一瘸一拐地走着，弯着腰，点着头，眨着眼睛：我想要抓住点头的脖子，让你再也眨不了眼睛！"不久之后又说："我就是受不了你，你千万别忘了！"（《齐格弗里德》，第一幕，第1场）这让人想起了谈论犹太人的文章对犹太话语的描写，毫无疑问，那就是米梅和阿尔贝里希之类怪物的来源："首先让我们的耳朵感到非常奇怪和不愉快的是犹太人的说话方式，嘶嘶声、刺耳声、嗡嗡声和嘟嘟嚷嚷的声音：一种让我们民族的语言感到非常陌生的用法，对单词和短语结构的任意扭曲，这些嘈杂的表达完全是不堪忍受的、令人困惑的聒噪，一听到它，我们的注意力就不由自主地更加集中在令人讨厌的'如何说'上了，而对犹太话语'说什么'充耳不闻。"[1] 犹太人说的话就这样被一笔勾销了。

然而，这一怪癖的仇恨正是本雅明定义的那种厌恶——作为恐惧的厌恶，害怕自己和自己厌恶的对象成为同类。纽曼尤其强调了《齐格弗里德》的初稿对米梅的描写，瓦格纳后来删除了这段话："米梅，尼伯龙人，独自一人。他又矮又驼背，有点畸形和跛足。他的头硕大无比，他的脸是暗灰色，满是皱褶，眼睛很小，目光锐利，眼眶是红色的，他的灰色胡须很长，如杂草丛生，他的头秃了，戴着一顶红帽子……这一切必须和漫画毫无近似之处：当他安静时，他的外貌只是怪异而已：只有在极度兴奋的时刻，他才变得荒唐可笑，但决不粗俗。他的声音既沙哑又刺耳；但这一切仍然决不能惹得听众发笑。"[2] 瓦格纳对漫画像的恐惧——就戏剧而论，漫画像与严肃的地下世界之

---

[1] *Richard Wagner's Prose Works,* translated by W.A. Ellis (1893), New York 1966, Vol.5, p.71. 瓦格纳的所有引语都引自这一版本，有时略有改动。——英译者注

[2] Ernest Newman, *The Life of Richard Wagner*, Vol.II, p.321.

神阿尔贝里希之间的反差是不合适的——意味着他自己心中的米梅形象把他吓坏了，他也因此撤销了这一舞台指示。他本人的长相，不合比例，大头小身，下巴突出，已经在异常的边缘，只是由于他的名望才没有被人嘲笑。正如他的第一任妻子注意到的那样，他的肆无忌惮的长篇大论，即使没有像过分活跃的手势那样流传下来，也很容易从他的散文作品中推导出来。他对他的受害者穷追猛打，连生物学层面的不幸也不放过，因为他看到自己只是个侥幸逃脱的侏儒。然而，根据纽曼的研究，关于瓦格纳是犹太后裔的所有流言都可以追溯到尼采，反对瓦格纳的反犹主义的那一个尼采：这一事实是有逻辑可循的现象。尼采知道瓦格纳的怪癖的秘密，于是直呼其名，从而打破了魔咒。

怪癖的层面通常被视为最私人的事，但是在瓦格纳这里，也是社会的最普遍现象。盲目的"不能容忍"之所以晦暗不明，是因为它建立在社会过程的不透明性的基础之上。社会给不法之徒打上了令人唯恐避之不及的污名。因此，在那些向真正的罪犯倒戈投降的人看来，社会关系似乎是密谋的结果。对犹太人的厌恶属于这种阴谋论的幻想。在《简释音乐中的犹太特性》（'Clarification about Judaism in Music'）一文中，瓦格纳把他的作品遇到的所有抵抗都归咎于幻想中的犹太阴谋；而在现实中，他的事业得到了迈尔贝尔——臆想中的总阴谋家——的鼎力相助，直到瓦格纳公开攻击了他，合作才结束。种族主义理论的用武之地恰恰是怪癖和妄想狂之间的无人地带。资产阶级的瓦格纳不需要向没落的封建贵族戈比诺（Gobineau）学习，在他的晚年，他与戈比诺相处甚欢。早在《齐格弗里德》时期，我们就能发现这样的词句："万物皆有其道：你改变不了。我把这个地方让给你，你要自立：对付你的兄弟米梅，你的本性比他更好。不一样的本事，你马上就学到！"（第二幕，第1场）《尼伯龙根的指环》的整个故事都与此有关。阿尔贝里希偷了指环，由于莱茵河少女拒绝臣服于他，他诅咒了爱情：本能冲动和统治的辩证法被还原为"本性"的差别，而不是社会造成的差别。在《尼伯龙根的指环》中，不同的自然本性之间的绝对差别成为生存斗争的基础，尽管这也是在历史中展开的。社会生活过程中的"石化的关系"构成了一种"第二自然"，瓦格纳看得心醉神迷，误将第二自然当作第一自然。他的反犹主义从一开始（1850年）就用自然范畴来表达，首先是直接性和人民等范畴，而且他已经把那些范畴和"自由主义"对立起来："当我们为犹太人的解放奋斗时，与其说我们是某个具体事业的勇士，不如说是抽象原则的拥护者：正如我们所有的自由主义都不是什么清楚易懂的精神游戏——因为我们争取的是人民的自由，却对人民一无所知，不，我们厌恶与人民发生真正的联系——我们对争取犹太人平等权利的热忱也来自普遍的观念，而不是出于真正的同情；当我们为犹太人的解放鼓与呼的时候，内心总是有一种拒绝和他们实际接触的反感。"[1]

瓦格纳的反犹主义汇集了后来的各种反犹主义的全部成分。他的仇恨如此极端，以至于400名犹太人在维也纳"指环剧院"（Ringtheater）的火灾中丧生的讣闻——如果格拉斯纳普的记录可靠的话——成了他嘴里的笑料。[2] 他甚至形成了消灭犹太人的观念。他和他的意识形态后裔的唯一区别在于，他把消灭等同于救赎。因此，论犹太人的文章最后有这样几句话，让人隐隐约约想起了另一篇《论犹太人问题》的论文："我们还要说出一个犹太人的名字，他以作家的身份出现在我们中间。他走出了犹太人的孤立状态，到我们这里来寻

---

[1] *Richard Wagner's Prose Works*, Vol.3, p.80.

[2] 参见 Carl F. Glasenapp, *Das Leben Richard Wagners*, Vol.6, p.551.

求救赎：他没有找到救赎，不得不意识到他只有通过我们的救赎，成为真正的人，才能找到救赎。然而，要成为一个和我们在一起的人，首先就意味着犹太人不再做犹太人。伯尔内已经做到了。伯尔内也告诉我们，救赎不能轻松愉快地在冷漠的舒适中获得，而是必须——像我们那样——受苦受难，付出大量汗水、贫穷和恐惧。不要有任何顾虑，要通过自我消灭，投入浴火重生的救赎工作中；然后我们就结成一体，不可分割了！但是要记住，只有一样事情能够把你从魔咒中拯救出来：亚哈随鲁王的救赎——灭亡！"[1] 消灭犹太人的观点显然不同于马克思的观点，马克思认为，犹太人的社会解放意味着社会从追逐利润的动机（犹太人被视为其象征）中解放出来；在瓦格纳这里，这两种不同的观点混杂着。瓦格纳想要的灭亡甚至不仅限于他仇恨的民族："要是我们的文化消亡了，那根本算不得什么损失；但是，如果它毁于犹太人之手，那可是奇耻大辱了。"[2] 想要消灭犹太人的"存在方案"心知肚明，它并不是救赎。犹太人的灭亡意味着世界末日，犹太人则是其执行者。资产阶级的虚无主义，在其巅峰上，同时也是消灭资产阶级的愿望。在瓦格纳的反动观点的黑暗魔咒中，记录了他的作品从他的性格特征中攫取的文字。

---

[1] *Richard Wagner's Prose Works,* Vol.3, p.100. 路德维希·伯尔内 (Ludwig Borne, 1786—1837)，青年德意志派的作家和政治记者。他的代表作《巴黎来信》(*Briefe aus Paris*) 展现出一种酷似海涅的讽刺和幽默天赋。——英译者注

[2] Carl F. Glasenapp, *Das Leben Richard Wagners*, Vol.6, p.435.

2. 姿 态

如果检查一下艺术家们的伟大作品底下的那一堆堆垃圾、瓦砾和污秽，将会获益匪浅。艺术家们仍然从那里获得了他们的某些特点，尽管他们费了九牛二虎之力才好不容易与之划清界限。舒伯特的影子是一个酒馆赌徒的形象。在卓别林那儿是一个沙龙的常客，很难描述清楚的一种人。陪着舒曼的是彩色石印画。在勃拉姆斯那儿则是一个音乐教授。他们的创造力和他们的戏仿形象紧密相连。他们的伟大之处就在于将他们和这些模板区别开来的微小距离，但与此同时，他们也从这些模板中汲取了共同的力量。要为瓦格纳找到这样一个模板，可不容易。不过，当托马斯·曼用"浅薄"来形容瓦格纳时遭到的愤怒声讨表明他触碰了一根刺痛的神经。"他和构成他的《全集》的单篇艺术作品之间的关系是值得思考的。其中有某种浅薄，尼采在其谄媚的《不合时宜的思考》中也曾评论过。在那里，他提到瓦格纳的童年和青年时代：'他的青年时代是一个多才多艺的艺术爱好者的青春。一知半解，浅尝辄止，无一精通。他不遵守家庭或别的地方的任何艺术传统的严格训练。作为学院教育和未来职业，绘画、诗歌、表演、音乐和他的距离是一样的。表面的观察就足以得出结论，他生来就是个半瓶子醋。'——其实，如果不仅仅观察表面，而是带着热情和赞赏，我们甚至可以说瓦格纳的艺术是业余爱好者浅薄涉猎的产物。这么说当然很容易引起误解。尽管意志力和智力的淋漓尽致的发挥已经让他的浅薄青史留名，甚至跻身于天才之列。"将所有艺术统一起来的观念本身就是浅薄的，而在缺乏必不可少的手段使各门艺术服从于他那惊人的表现天才的情况下，这一观念就只能停留在浅尝辄止的半吊子水平上。他和艺术的关系不无可疑之处。虽然听起来像胡说八道，但是他的艺术里头确实有好多很不艺术的东西。

直到《罗恩格林》，声部写作和连接和弦都常常犯低级错误。在《纽伦堡的名歌手》里还能找到转调以及和声平衡上的错误。对瓦格纳来说，达到优秀音乐家的水准是高不可攀的事情——他的作品的原型细胞缺乏与其素材之间的基本联系。《洛伊巴特》《仙女》《禁色》《黎恩济》都跟高中学生们喜欢写在练习簿上的剧作一样，写着标题、剧中人以及"第一幕"的字样。如果有人反对说，这样的开头很普遍呀，是剧作家常用的呀，那么，对此的答复是：瓦格纳毕生都忠于这种奇特的作品格式，正如他终其一生都忠于业余舞台的奇装异服一样。本着同样的精神，他实际上完成了可追溯到他最早年的计划，仅仅写出了标题的那种计划。在瓦格纳的剧作中，忠于童年梦想是和幼稚性密不可分的。从第一天开始，他就是他的《全集》的作者。如果读到他在拜罗伊特时期的阅读书目日记，就不免得出结论：一直到他的最后一天，阅读的快乐都和一排排烫金封面的经典著作的念头联系在一起。即使他最大胆的巧妙举动也不能克服那种根本性的业余态度，那种热忱的景仰。瓦格纳的发展道路可谓是热情地从狂热的业余爱好者走向了脚灯之上的超验世界，一如他从受难者的世界逃离到他自己所属的那个世界。他总是保持着一种鲁莽的学习热忱，这是急于模仿一切已经被尝试过、得到检验的东西的那种人的典型心态。与此同时，他认为他的管弦乐队的指挥"既不是国王也不是皇帝，而只是站在那里，并且指挥……"。那是他至关重要的童年经验之一。指挥，作为专家，可以做到业余爱好者想在音乐厅里做到的事情。指挥展现了他自身的兴奋，从而为业余爱好者的次级热情赋予了客观的形式。他既不是国王也不是皇帝，而是市民大众的一分子。不过他对他们拥有无限的象征权力，并乐在其中。他从日常现实的平淡中抽身而出，一直退到舞台的背景幕布阻止他继续前进的地方，却一刻也没有中断他和他想要打动的那些未入门者的联系。瓦格纳的人物的浅薄特征跟他的顺从态度是分不开的，也就是他和公众的绝对共谋关系。被"加冕"为指挥的他能够一边履行这一秘密协定，一边继续维持着强大的个人反抗者的表象，并在审美领域中为"无能"树立起权威。他不仅仅从事了资产阶级的指挥职业，也是用华丽风格写作指挥音乐的第一人。这么说，不是要回应对瓦格纳没有原创性或者过分强调管弦乐队的技巧之类陈词滥调的指责，这些指责在他那势不可当的器乐谱写面前都黯然失色。这里说的是他的音乐被构思为一种击打的姿态，击打的全部意念是音乐的基础，尽管瓦格纳通过这么一套姿态系统将他的社会冲动转译为技术。如果说，在他的时代，作曲家已经诗意地远离了听众，那么瓦格纳的音乐就是要掩盖这种疏远，其方式是把公众纳入作品，成为其"效果"的成分。作为效果的倡导者，指挥是作品中的公众的拥护者。而作为击打者，作曲家兼指挥家对公众的要求做了一番恐怖主义的强调。对听众的民主主义的考虑被转换为对规训权力的默许。以听众的名义，任何情感上不符合音乐击打的标杆的人都必须噤声。从一开始，与公众的疏远就同对作用于公众而产生的效果的计算分不开。在发达资本主义条件下，只有那些社会和审美假设与艺术家差得十万八千里的公众才会成为艺术家的计算的物化对象。

在主导动机的功能当中，除了审美功能，还有一种商品功能，类似于广告：也就是说，预示着后来的大众文化的通行实践。音乐被设计为可记忆的，是为健忘者量身定做的。假如理解音乐的能力仅仅等于记忆和预测的能力，那么，说"瓦格纳只为不懂音乐的人写作"的老套诋毁就不仅仅是反动的，也有了批判的合理性。在《幻想交响曲》里，柏辽兹的"乐念"（主导动机的直接先驱）成了一种迷恋的标志，这种迷恋后来又出现在波德莱尔题为《忧郁》的作品的核心。这是你无法摆脱的东西。面对它那不可理喻的至上性、不容分说的无错性，个人主体走投无路，只有投降。根据柏辽兹的计划，乐念就像是一个中了鸦片的幻梦魔咒的人。它是主体的某个秘密部分的外部投射，但同时又是远离自我的，自我沉迷于其中，如沉迷于太虚幻境。瓦格纳的主导动机也有着同样的根源。它导致了任何有助于联想步骤的、真正创立起来的动机的缺席。在瓦格纳的音乐中，一个世纪之后的心理学所指出的主体弱化已经露出了端倪。

与此类似的看法来自施托尔曼的启发性评论。他认为，和古典的维也纳乐派不同，瓦格纳的音乐认为人们应该从很远的地方听它，就像印象派绘画要求人们从更远的地方（和以前的绘画相比）观看那样。远距离的听也就意味着注意力分散。这些持续数小时的巨作假设其听众无法聚精会神，这一点与市民们在闲暇时间的疲惫不无关联。当听众愿意跟随音乐的流动时，音乐——似乎是它自身的经理人——对他的不断重复的轰鸣却传达着归家的讯号。这是可能的，因为这是从指挥的角度设想的。不晚于 17 世纪，指挥开始用重棒子敲击节奏：既是敲击又是引导它们回归其野蛮的起源。而无指挥乐队的想法恐怕也不是没有道理的。指挥在瓦格纳那里的首要地位是不容置疑的。阿尔弗雷德·洛伦茨，第一位严肃探讨了瓦格纳的形式问题的人，无意间十分接近了这一发现："请允许我发表一点个人看法。我对这里所解释的关系的理解受益于我自己在讲台上的实际经验。对一位不必为了指挥乐队而在家里对乐谱进行学术研究的艺术家来说，作品形式与作品意义之间的关系是显而易见的。首先是艺术地、直觉地，通过作品本身的音乐节奏来理解；其次是理性地，通过记忆来获得对作品的完全控制。"[1]

如果是这样，瓦格纳的形式的关键就在于指挥不得不背下作品这一事实：对形式的分析不过是记忆的辅助手段罢了。瓦格纳的作品实际上为分析和复制音乐的指挥设定好了想象和推测的基础，它和瓦格纳创作音乐时的道路是同一条路，只不过方向相反。他的歌剧的巨大体量被击打的概念、打拍子的概念切分开来。全部音乐似乎都是首先用节拍来计算的，然后才填充内容。对时间的大幅度拉伸，尤其是在"乐剧"风格的早期阶段，使得时间似乎成了一种抽象的框架。全部的《罗恩格林》，除了很小的一部分，都是按照规整的时间写成的，似乎节拍的整齐性使得所有场景都能够同时一览无余，好比通过"对消"进行的分数求和的简化计算。结构拉伸的这种透明性促使洛伦茨做出了惊人的评论："如果你完全掌握了一部作品的全部细节，你有时候就会觉得你的时间意识一下子消失了，而整个作品似乎成了一个'空间的'东西，也就是说，一切都同时栩栩如生地浮现在脑海中。"空间化意味着，在作曲家的角度看来，瓦格纳的形式成了一种记忆法。当然，洛伦茨的评论不限于瓦格纳，它在贝多芬那里找到了真正的对象。与交响乐的方法相比，瓦格纳用节拍来控制时间的方法是抽象的，不过是用节拍乃至更大的小节来表达时间的概念。作曲家并不注意在时间之中到底发生了什么。如果说，小节的形式有助于演奏者把音乐的连续体切分为有序的各个部分，那么对作曲家来说，节拍的

---

[1] Alfred Lorenz, *Das Geheimnis der Form bei Richard Wagner*, Vol.I, Berlin, 1924, p.10.

用法是掌握空洞的时间（他的起点）的一种错误的方法：因为他衡量时间的尺度并不来自音乐的内容，而是来自时间本身的物化秩序。洛伦茨发现的瓦格纳那里的"时间的空间化"只是错觉，对节拍的全面统治仅仅发生在次级的、无特性的章节里。对瓦格纳的旋律性不足的诸多抱怨的根据不在于它缺少"概念"，而在于击打的姿态统治了他的作品。

他留在作品上的印记是不时强调他的那些自命不凡的配乐段落：号角，信号，鼓号齐鸣。它们像是通谱（durchkomponiert）风格中的不溶解的沉淀物。指挥在乐池里征服了舞台。实际上，整部《黎恩济》就是在舞台上表演的一首鼓号曲。保罗·贝克尔注意到《漂泊的荷兰人》的主题的信号特征。有可能把瓦格纳的作曲实践的某个关键层面追溯到戏剧配乐及其衍生物的传统，比如在《沃夫伦·冯·艾森巴赫，开始……》（《汤豪舍》第二幕，第4场）之后的乐队姿态。其实，中间阶段的瓦格纳，《罗恩格林》第三幕第3场的序曲，是完全以鼓号齐鸣的形式来作曲的。在各种可能性当中，这一形式成了《众神的黄昏》中齐格弗里德的莱茵之旅的模板：哪怕是赋格的原则（以及它在绝对音乐的传统中的根源）也携带着它和对着舞台做姿态的音乐接触过的痕迹。一旦抽象的节拍获得了对音乐内容的优先性，配乐的套路就反复出现了。在晚期作品里，它们成了半音音阶的真正平衡物。由于它缺乏旋律的明晰性，所以它仅仅对着和声做姿态，而说话式的宣叙调又增强了这一效果。在高度组织化的风格当中，仍然穿插着一些未升华的素材元素。瓦格纳的音乐意识是退化的一个例证：看起来，对模仿的厌恶并没有彻底支配他——对模仿的厌恶不仅随着西方的理性化过程而日益增长和强大，也在自律的、似语言性的音乐逻辑的形成过程中起了并非无足轻重的作用。瓦格纳的音乐陷入了前语言，却不能完全抛弃似语言性的成分。瓦格纳的"剧场性"，他的作曲中令人厌恶的部分（保罗·贝克尔正确地诊断出了它是瓦格纳的艺术作品的最内在的核心），恰恰是以这一退化为基础的。他在作曲技术上的错误总是来自如下事实：姿态削弱乃至取代了音乐的逻辑（他的时代的任何素材都当作前提的东西），而这就相当于煽动家用姿态语言取代了对他们的思想的话语表述。无疑，所有的音乐都根源于这种姿态，并包含着姿态。然而，在西方，它被升华和内化为表现，与此同时，结构原则使得音乐的总体流动服从于逻辑综合的过程；伟大的音乐都努力追求两个要素的平衡。瓦格纳的立场却阻挠了这一传统。他的音乐里面没有上演任何历史进程，在这方面他和叔本华哲学的精神是相似的。不受约束地强化了的表现冲动几乎无法被内在性包容，无法被历史意识包容，从而释放为一种外在的姿态。这给听众一种尴尬的感受，仿佛有人在不停地拽他们的衣袖。构成主义要素的力量就被这一外化的、准物理的强度耗尽了。这一外化随即与物化、商品化合而为一，正如近来对文化的不满（弗洛伊德理论指出的那种不满）要对复古的文化负责一样。瓦格纳的姿态要素并不像他自称的那样，是未分化的人在讲话，而是模仿物化、异化的现实的一种反射活动。用这一方式，姿态的世界被吸收进了艺术的效果中，即作品与公众的关系之中。瓦格纳的姿态从一开始就被转译为公众反应的各个阶段——人们的窃窃私语、鼓掌、自我确证的胜利或热情的浪潮。在这个过程中，他们的返古的静默，他们的缺乏语言，证明了它作为高度现代的统治工具的价值，而它越是切合观众，就越是专横地对待他们。指挥兼作曲家既代表了资产阶级个人希望自己被听到的要求，又压制了那一要求。他是所有人的代言人，所以他鼓励大家采取不说话的顺从态度。这就是他竭力把生命注入姿态、把精神对象化为姿态的原因。但两者并不协调；异化的外在性并未与内在性（在瓦格纳的表达形式中，内在性粉碎了任何有内容的主体性）取得和解。在这里，瓦格纳的音乐遇到了它最内在的矛盾，既是技术上的矛盾又是社会矛盾。

就技术而言，动机是那一矛盾的携带者。历史上，配乐和主导动机是以间奏（ritornello）为中介的，其形式在韦伯以来的旧体歌剧中就固定下来。管弦乐的段落穿插在宣叙调里，具有姿态的功能。像配乐一样，它们打断了歌唱乃至整个作曲的结构，并且模仿着舞台上人物的行动。就此而言，它具有断断续续的特征。不过，既然它们不是在舞台上被听到的，而是来自乐队，所以它们也构成了作曲的一部分，而不只是行动的一部分。莫扎特和（尤其是）韦伯将表现注入其内。这是瓦格纳继承的形式。在他的作品里，断续的姿态成了作曲的基本原则。作为配乐，它同时又是表现的手段，从而摆脱了插入的特征，而成为集体的、政治的现实的继承人，即瓦格纳曾批判过其"外在性"的那种大歌剧奉为珍宝的"政治阴谋"的继承人。它蔓延开来，覆盖了整部作品。瓦格纳用来统一内在性和客观性的手法是顺序。借助于顺序，抽象的对称关系的框架及其全景的建筑术都被赋予了固定的时间结构。同时，他努力用强化的过程来调和内容与主体动力学。当瓦格纳的姿态成了顺序的一部分的时候，它就成了"动机"。基多·阿德勒正确地把他对瓦格纳的形式的批评集中在这一点上。洛伦茨的辩护仍然是形式主义的，因为他用静态的建筑术用语来定义顺序，从而排除了瓦格纳。但姿态和表现的重叠实际上就把静态的顺序原则注入了和声的功能动力学中。瓦格纳对顺序的使用和贝多芬的交响曲顺序形成了最强烈的反差。它从原则上排除了维也纳古典学派的分析式器乐谱写法。姿态可重复，可强化，却毫无"发展"。维也纳学派的轮唱把姿态性的一切都转化为了精神的发展。在瓦格纳那里什么都没留下，反而强行把它又变回为舞蹈或它的"神化"，就像在作为奏鸣曲形式之起源的那种旧套曲形式中，序曲和紧接着它的乐章之间的区分在于它本身并不是风格化的舞曲形式。奏鸣曲和交响曲都以时间为主体，通过内容，它们表达了时间，它们迫使时间显现自身。如果说，在交响曲中，时间的消逝构成了一个要素，那么在瓦格纳这里则相反，他的姿态本质上是不变的、非时间的。音乐无力地重复着自身，放弃了它在交响曲中驾轻就熟的那种时间框架内部的斗争。

反复重申的姿态淹没在洪流中，只有一种转变才能把它捞出来：使它们不再是姿态。因此，企图通过重复富含表现的姿态来建立形式，是走不通的死路。姿态的每一次重复都回避了建立音乐时间的必要性，它们仅仅在时间中排定顺序，并且远离了它们似乎建立起来的那个时间连续体。未入门的听众对瓦格纳的一部成熟作品的反应是厌倦，这不仅仅揭示了一种不能对瓦格纳的崇高要求做出反应的平庸意识。这一失败的一部分原因在于音乐本身缺失了时间的经验。更要命的是，按照顺序从一个姿态传递到下一个姿态的"表现"（最著名的例子是《特里斯坦与伊索尔德》开头的"衰弱"的姿态）就排除了不折不扣的、舞蹈一般的重复，而它要求的大量的变奏却是姿态这个动机所拒斥的。瓦格纳用"心理学的变奏"原则作为替代品，它那高度人为的方式伤害了音乐特性的塑造。姿态的重复是强迫性的，表现的重复则是同语反复。瓦格纳的那种冗长单调乏味，与人的如怨如慕、如泣如诉的方式"相得益彰"的那种喋喋不休，又在音乐形式的小宇宙里出现了。由于姿态的重复和戏剧化，表现就被篡改得面目全非了。模仿冲动被搭建到整个结构中，并且被物化了，从而堕落为纯粹的模仿，最终成为彻底的欺骗。瓦格纳的"表现"里的虚假性可以一直追溯到他作曲生涯的开端。凡是在形式失败之处，内容也遭了殃。在可疑的姿态补偿物当中，构成瓦格纳之形式的表现要素和结构要素（按理应当出现的东西）成了某种史诗的总体性——一个圆满而完整的、包含了内在性和外在性的总体。瓦格纳的音乐模拟着内在和外在、主体和客体的这个统一体，而不是描述两者之间的破裂。这样一来，甚至在用文学的形式把意识形态内容灌输到"乐剧"里之前，作曲过程就已经成了意识形态的代理人。最明显不过的就是赞美人物，赋予他们高贵的纯洁无瑕的那些音乐段落。刻画人物的意图将音乐的姿态变成了这种表现的携带者，该意图不可避免地包含着反射的要素，因此它显现出来的纯洁无瑕总显得像是对着镜子孤芳自赏，从而否定了其效果。这不应该仅仅从心理学上解释，即用作曲家那可疑的"情感"来解释，而应当被视为情境的逻辑宿命使然。如果表现将自身外化为瓦格纳的实践所要求的那般诉诸感觉的姿态，那么它就不能满足于朴实无华、不爱表现的自我陈述：它被迫直截了当地表现自我，而强化了的重复过程不可避免地导致了浮夸。用同一的形式重复某样东西，这一事实本身就必然包含了反射的要素。当表现某物的行动第二次发生时，就变成了对它本身的一个着重强调的评论。相反，瓦格纳用主体性的圈套来装饰那些源于即兴音乐的外在要素，他就只得到一团热气。尼采就像不信任纯洁那样不信任那团热气。至于纯洁，则消失在所有的浮夸之中，对浮夸本身而言，狂欢又成为庄严的舞台节庆的牺牲品。

无论如何，瓦格纳在他把握矛盾的努力中证明了他自己的力量。对他这种技术专家来说，矛盾在每一步都显露无遗。如果他有什么"形式之谜"，那就应该在绝望的、从未明言的、完全缄默的斗争中去搜求。洛伦茨找到了一条线索，是在巴歌体（Bar-form）的原则中：德国宫廷抒情诗和匠师歌曲的吟唱形式，A–A–B 结构的诗节，包含着两个同样的起唱部分和一个不同于它们的终唱部分。这一古老的形式统治了《纽伦堡的名歌手》及其内部的美学争论。但是，瓦格纳对这一歌体结构的使用并不局限在有限的、相对自律的段落里（如歌唱比赛的歌曲）。洛伦茨能够追溯它对更大的结构产生的影响，他对歌剧前两幕的平行关系的讨论差不多能得出这样的结论：整部歌剧无异于一首巨大的巴歌体诗节。

　　同样的特征也可以从个别动机的要素中看到。在这里，巴歌体形式的姿态性变得十分明显，其起源显然是在较早的作品中，想想《汤豪舍》第二幕第 2 场开头，紧接着伊丽莎白的咏叹调之后。在那里，在一段延长了的导入和弦之后，出现了 8 小节的诗节。第一段起唱是一个羞涩的、试探性的两小节的动机。稍加变换，并加了半小节，它变成了第二段起唱，向上变调了。这很像后来的瓦格纳的典型动机的第一顺序（总的说来，成熟风格的瓦格纳很少允许这样的变调），尤其是在《特里斯坦与伊索尔德》中，它满足于向上变调。终唱又长了半小节，缀以"非常活泼的"十六分音符，高唱于动机之上，却在风管乐器中断时迅速崩塌。这一段音乐的戏剧意义是汤豪舍害羞、犹豫、不自觉地靠近了他的心上人，然后在沃夫伦的鼓励下突然"跪倒在伊丽莎白的脚下"，直到她叫他起身才作罢。这里关键的是第三个姿态，终唱。它大胆地别出心裁，然后又回到原点，正如歌手碰到伊丽莎白的时候让他伸出去的手臂垂下来，抓紧她，一动不动，一言不发。主导的七和弦的第二次颠倒后面有一个停顿，这种典型的奇怪停顿往往决定了瓦格纳的音乐（即使音乐也有着它的动力学，事实上，停顿恰恰在动力学之中）。扩张的姿态又缩回到身体上。其崩塌就像是浪花的崩塌。这恐怕是瓦格纳的音乐姿态是舞蹈运动的遗迹的原因，也是动机的重复窃取了舞蹈的对称性的原因——因为只有作为舞者，人们才能模仿浪花。瓦格纳使用波浪这种形式来作为他解决表现与姿态之间的矛盾的音乐方案，很久以后才用叔本华哲学对它进行理性说明。他的目的是调和两者：一是缺乏发展的姿态，二是具有不可重复的确定性的表现。他的手段是让姿态取消自身。取消它自身，也取消时间。如果说，瓦格纳没有像贝多芬那样统治时间，那么他也没有像舒伯特那样完成时间。他废除时间。瓦格纳音乐的永恒性，比如《尼伯龙根的指环》的诗歌的永恒性，是一种宣告什么也没有发生的永恒性。它是一种不可更改的状态，用自然的沉默拒斥了一切历史。在歌剧开头把玩黄金、在歌剧结尾回收黄金的莱茵河少女们是瓦格纳的智慧和瓦格纳的音乐的最终陈述。什么都没改变，这也是恢复了无定形的基本状况的个人的动力学。释放出来的力量最终维护了不可改变的状态，因此也维护了现存的权力——他们原本要推翻的权力。这更清楚地铭写在作为其音乐之基础的形式法则中，而不是在他的哲学观念中。与叔本华相反的是，他创造令人舒适的均衡，将他的作品试图逃避的现实社会生活中的一切不堪忍受之事都加以审美的神圣化。

《纽伦堡的名歌手》为"形式之谜"的意识形态性提供了令人吃惊的例证。有教养阶级的成员唱的歌曲，形成了对峙。瓦尔特和贝希梅瑟坚持巴歌体。但是，有权抗议说他来自"人民"并含糊地声称他"主要写街头歌曲"的萨克斯，演唱了一首通俗易懂的抒情歌曲。这样一来，《纽伦堡的名歌手》，瓦格纳的自我意识的最佳证明，就将巴歌体指派给了贵族和统治阶级。如果我们认可洛伦茨的分析，认为整部歌剧作品就是一首巴歌体诗节，那么在整部《纽伦堡的名歌手》的经济学里头，上层阶级就像《尼伯龙根的指环》里的莱茵少女们一样站在正义和公理的一方。在那部作品里，瓦格纳的梦想退化为海的寓言，它们的辩白同样也是以暴发户阿尔贝里希为代价的。

对巴歌体的功能分析意味着对瓦格纳的一般形式的批判。洛伦茨旗帜鲜明地反对自尼采之后就被鹦鹉学舌的陈词滥调，亦即批判瓦格纳"缺乏形式"的反动论调，他将注意力放在大尺度的形式组织上，而不是仅仅关注"主题"。他给出的理由是，动机的分析已经被沃尔佐根和其他所谓的实用指南的著作完成了。然而，他把对动机的音乐分析和主导动机的诗化目录混为一谈，可就大错特错了。前者将从主题单元的发展和变化中推导出大尺度的形式，后者只是为剧本的每一行找到与其对应的音乐。他对细节缺乏兴趣的真正合理性在于瓦格纳作品本身的性质。洛伦茨在他的第一卷的相关章节中写道："吸引我们的主要特征是这一安排"——瓦格纳对他的主题的阐述——"往往采取了不断重复的形式，使得动机清晰地刻写在我们的心头"。动机的这种重复，无论是同一的重复还是系统地变调和渐变的重复，都让洛伦茨没有必要再进行贝尔格对勋伯格做过的那种分析。但是，这一戒除意味着瓦格纳的音乐在细节水平上真的没有什么可分析的。瓦格纳知道动机和大尺度的形式，却不知道主题。重复被设置为发展，变调成了主题的工作，反过来，本质上不可重复的抒情歌曲被当作舞蹈那样对待。巴歌体的使用和他的本意相反，结果是把所有未解决的矛盾都一笔勾销了。尽管瓦格纳的音乐不断产生着表象，对新事物的期盼和愿望，但严格说来，里面根本没有任何新东西出现。

这一发现是"缺乏形式"的指责中包含的真理因素。但是，缺乏形式并非混乱的结果，而是虚假同一性的产物。同一的素材造成了它们是某种新事物的假象，因此用条块的抽象连续性取代了实体内容的辩证进步——其内在的历史性。瓦格纳的形式是一个空壳：它声称的在时间中的展开是不真实的。洛伦茨发现的大尺度形式是从外部强加的，最终成为无名的图式构型，而从它们开始抽象地敲击时就是如此了。并非偶然，洛伦茨的分析可以列成表格，因为表格基本上和瓦格纳的形式本身一样有害于时间的流逝。不管它们多么精确，都不过是一种图形游戏，对实际的音乐无能为力。瓦格纳的形式，哪怕是在自身运动中否定了时间流动的巴歌体这一自相矛盾的形式，都没有能够恰当地处理时间。摩菲斯特斐勒斯的话，"就像从未存在过那样"，成了最后的定论。于是幻灭，于是期盼落空——这来自一个在私人生活中也像在其作品中一样喜欢违背诺言的艺术家。他的音乐演奏起来就好像时间没有尽头，然而其效果却否定了音乐填充的那些时间，因为音乐让时间又回到了它们的出发点。

3. 动 机

　　未能创造任何新的质性，却不断流回到已知事物的这一不可阻挡的进程，这一不停退化的动力学，赋予瓦格纳的作品一种谜一般的特性。直到今天，和几乎所有的其他音乐相反，它还是让听众如堕五里雾中，感到有什么东西悬而未决——尽管他非常熟悉这音乐。瓦格纳不让他的听众满足于明确定义的事物，让他们总是怀疑既定瞬间的形式意义有没有得到正确的理解。萨克斯的话"我不能抓住它——但我也忘不了它！"[①]指的就是这个。没有什么不是含混暧昧的。他那让人觉得莫名其妙的现代性，以及乐评人所描述的（有点和音乐无关）神经质和精神过敏，植根于他的音乐意义的暧昧之中。当然，也有着与之配套的意识形态暧昧：从他那众所周知的情欲和禁欲的模棱两可，到一系列暧昧的人物——既是"勇士"又是叛徒的哈根，既是忏悔者又是勾引者的孔德丽，乃至既忠诚又不忠的英雄特里斯坦和齐格弗里德。浪漫主义的作曲传统对暧昧并不陌生，舒伯特暧昧的和弦就属于此类。瓦格纳的作品和舒伯特毫无共同之处，但他也偏好同样的和弦。而且他是把暧昧提升为风格的原则的第一人，对他来说，"趣味"这个范畴（而不是音乐语言的逻辑）成了主导范畴。那让波德莱尔——他的时代中最发达的音乐意识——感到兴奋，即使波德莱尔显

---

① 《纽伦堡的名歌手》，第一幕，第3场。

然不知道《特里斯坦与伊索尔德》，更不要说它对尼采的影响了。这里的新东西并非音乐的同一性，即"万变之中的不变"。维也纳古典学派，首先是贝多芬，已经把音乐的同一性做到极致，他们在杂多性中建立了最全面的音乐统一性。但是，达到这种统一性是符合明确建立起来的音乐语言的逻辑的，而那种音乐语言适合于依然团结一致的社会（即使社会内部有着各种各样的对抗）。自从个体性在柏辽兹那里爆炸以来，作曲家们就急于表达他们偶然的独特性的情感。相应地，他们取消了逻辑，斥之为非理性的，并且用惊讶的原则来反对它。古典主义不包含这些情感，或者说，至少也会用形式的综合来驯化它们。瓦格纳的艺术缺乏做同样事情的力量：自我的社会决定性越弱，因而其审美决定性越弱，它越不能将自身外化为总体性的表现，它就越是傲慢地断言一种不受约束的个体性。自我反映并显现了它自身的弱点，就和自身极其明显地区分了开来；然而，通过同样的表现，弱点使得它退化到前自我的阶段。因此，在瓦格纳那里占统治地位的心理学和暧昧的趣味中，可以看到一个历史的要素。但是，瓦格纳作品里可察觉的断层裂痕——他面对技术矛盾以及作为其基础的社会矛盾（简言之，他的同时代人讲到的各种各样的"腐朽""堕落""颓废"）时的无能——也是艺术进步的路径。

保罗·贝克尔认为表现是瓦格纳的基本范畴。然而恰恰是在这里，那些隐藏的缺陷——潜藏在他的严整作曲风格的周密条理之下的深渊——最为明显。如果姿态和表现在主导动机中的综合没有奏效，如果携带着表现的动机同时坚持它的姿态性，那么姿态决不能直接表现某种情感内容。相反，它把那一内容呈现给我们。瓦格纳的表现的具体特征就是它的目的性：动机是传达一小块凝结了的意义的符号。尽管有各种各样的强度和强调，瓦格纳的音乐和词语的关系就像是剧本一样，这就难免让人怀疑它的强度只是为了掩盖这一事实。它的表现并不呈现自身，而本身就是呈现的对象。瓦格纳的主导动机就像寓言那样昭然若揭：当某个纯粹外在的东西、某个从精神总体性的框架中掉出来的东西被意义挪用了，被用做表达意义的时候（在这个过程中，能指和所指是可以互换的），就形成了寓言。诸如《纽伦堡的名歌手》的寓言艺术，到处都在人为地使用寓言的名称，乃至《尼伯龙根的指环》背后的整个抽象的意义结构，绝不仅仅是次要现象：实际上，恰恰是这样看似稀奇古怪的东西泄露了天机。主导动机的历史可以从柏辽兹追溯到17世纪的标题音乐，当时，约束音乐的通用逻辑还不存在，而它的起源只有在寓言的语境中才有意义，而不是具有回音效果的儿童游戏之类。尽管"象征"这个陈旧的概念对正统瓦格纳派学者来说是亲切的，他们还是在无意中注意到主导动机的"寓言"特征，亦即每个动机都有一个确定的名称，就像是给寓言图画配上文字说明，交代其谜底一样。如果说瓦格纳的音乐的宏观层面上没有运动，因为它废除了自己的时间流，那么其细节也同样如此，是一种僵硬的静止。主导动机是缩小的图画，它们所谓的心理学变奏只涉及轻微的改变。它们比它们自以为的更忠实于柏辽兹的术语——"乐念"，而其不可改变性为心理的动力学设限，甚至否定了心理动力学。在《众神的黄昏》里，动力学的作曲风格被运用于一套更古老、最脆弱的寓言动机上，其中的矛盾是十分明显的。主导动机的目的是要为"乐剧"的形而上学目的服务，成为所谓无限的概念的确定符号，但实际上它成了概念的敌人：在瓦格纳的晚期浪漫主义的胎胞中，产生了一个实证主义的成分，类似于叔本华的形而上学对康德的唯心主义的实证主义的和科学的扭转。甚至在瓦格纳的时代，公众就把主导动机和它们刻画的人物粗糙地联系起来，而这之所以是可能的，是因为它们并没有和它们号称的心理意义完全混同：从一开始，评论的必要性就暴露了瓦格纳本人的直接同一的美学的破产。主导动机的堕落体现在这里：通过理查·施特劳斯的坦率的图解技术，它直接走向了电影音乐，在那里，主导动机的唯一功能就是宣告人物或情境，好让观众更容易地认清形势，找准立场。

寓言的僵硬性像疾病一样传染给了动机。姿态成了它所表现的东西的一幅图画，就僵化了。然而这样一来，它也中止了纯粹的流动，并且诞生出了结构的抵抗。只有在音节分明的和声框架中，动机才能获得它的位置，展开序列的技法也才能产生主导动机所要求的，在很大程度上形式化为三部分巴歌体的那种寓言意义。这一点甚至可以用看似纯粹是半音的调式为例来说明，比如很多人分析过的《特里斯坦与伊索尔德》的开头。音节分明的要求使得形式的意义能够逐渐展开，从而产生一个加强的音调作为半音和声的相反倾向，变奏则成了普通的序列的平衡力。在开头的动机第一次重复时，大六度取代了调式里的小六度：B-G# 取代了 A-F。这一偏离源于整个句子对其基音的依赖，和声的 A 小调音阶里有 F 但没有 G#。这被变调的选择改写了。同一个调内部的这一处理（仍然处于半音的变调过程中）是为了将变调统一到和声中，因而将它组织进来。这使得有序的进程导致了结构上的后果：通过和声的同一性，避免了两部分旋律序列的机械同一性。有一个关键的音程把调式和第一后续彼此区分开来：它们的关系就像是主题和它的初步变奏。没有了变奏，序列群将走向 B 的属七和弦，一旦变奏了，它就走向 C 大调的属七和弦，作为 A 小调的平行调。这样一来，与主调的关系就得到了加强。恰恰通过坚持 A 小调的调式统一性，并抵抗连续变调的无节制的夷平过程，半音阶序列得以化腐朽为神奇，预示着半音相邻的音符的自律性——在勋伯格那里，它成为对调性的威胁，而不是对单纯的半音体系的威胁。如果我们大胆地将巴歌体比喻成辩证法的正反合三部曲，那么这一序列的第三个部分（终唱）就对应于"合"。为了确保调性的统一，它不是从二度音程开始，而是从比第一序列更高的小三度音程开始的：再一次用关键的音程作为变奏。与此同时，作为序列第二部分的残余，终唱的开始保持着小六度 D-B 的音程，但是，本着调性的精神，插入了第二个下降的二度音程，从而恢复了与起唱部分的调性关系。作为否定之否定，作为序列第二部分中的偏离的撤回，第三部分肯定了总体的统一性，并用改变 A 小调属音的终止法作为和声上的注脚。在接下来进入"强"力度（forte）的时候，音乐实际上回到了 A 小调，此时瓦格纳用属音作为动机残余 E# -F# 的基础，通过虚假的进展到第六音级，再次假装避免了调性：这是勋伯格后来所称的"受限制的调性"的一个教科书范例。洛伦茨在他对库尔特的批评中指出，瓦格纳音乐的全音结构这一要素是对表现性的半音特征的平衡力量，但他并不是在指认一种日耳曼式的、不祥的原初健康状态又一次被《特里斯坦与伊索尔德》纵容放肆了，而是说，在瓦格纳最伟大的时刻，他从无法解决的矛盾中提取出创造的力量，从退化的姿态要素中提取出一种进步的结构。这并不仅仅是对主观表现的扬弃——黑格尔意义上的既保留又消灭的双重含义。

这样就清楚了，瓦格纳音乐中的进步和反动无法像绵羊和山羊那样截然分开。两者不可分解地交缠在一起。在不断进步的薄纱底下，瓦格纳将作曲碎裂为寓言式的主导动机，像具体的物体那样并置着。这就同时抵抗着一种总体化的音乐形式的要求和"象征主义"的审美要求，一句话，抵抗着整个德国唯心主义的传统。即使瓦格纳的音乐是一种完美的风格，这种风格也不是体系，亦即具有逻辑连贯性的总体，部分和整体的纯粹内在的关联。这一事实不无革命的含义。在艺术里，也像在哲学里那样，不同的体系想要努力从多样性中产生出一种综合。在这样的过程中，它们总是让自己跟随现存的（但现在已经成问题的）总体性的指导，即使它们间接地生产出了总体性，也拒斥这一总体性的直接存在。这就是瓦格纳达到的程度。在他为资产阶级辩护、开历史倒车的立场的反面，是他再也不能全心全意地接受资产阶级的形式世界了。现存的一切都不可忍受，任何"典范"都不例外——从他蔑视"歌剧"这个名称的大尺度结构，一直到动机的配器（有个性地扫除了一切常规的残余）。如今，和瓦格纳的"颓废"相比，新的颓废的温床已经铺好，因为音乐家已经失去了这方面的敏感，实际上渴望戴上瓦格纳努力抛弃的那些常规的镣铐。最能说明他的态度的，莫过于他在听莫扎特时的评论，他有时想象自己能听见伴随着音乐的盘子的咔嗒声。

对音乐"遗产"的当代态度苦于以下事实：没有人对如此的不敬怀有信心。带着对典范的敌意和对它们的戏谑使用，瓦格纳的音乐形式不仅清除了音乐材料的封建残余，也使得材料前所未有地臣服于作曲家的意志。《纽伦堡的名歌手》里的美学对话精确地给出了这一形式方法的格言："按照规则，我应该如何开始？——你自己制定规则，然后服从它。"瓦格纳对适合于文字的朗诵式演唱的要求也是同一现象的一部分。它是反浪漫主义的，也是反封建的：音乐韵文的观念在这里预示着打破对称的魔咒。音乐和语言的亲和性——音乐的形而上学资格要多谢它——突然颠倒为音乐启蒙的一种手段，当然瓦格纳对它的使用还受限于对称乐段的统治。对"自然的"朗诵的要求既是瓦格纳对典范音乐形式之敌意的症候，也是综合诸艺术之需要的症候。但是在主导动机的情形中，这也是为了给技术的、理性的艺术作品奠定基础。

后者和主导动机技术的关系最清楚地体现在素材的原子化上，亦即把素材分解为尽量小的成分，这是为了产生后续的综合，以服从齐格弗里德的计划："现在我粉碎了你那亮丽的锐利，我在坩埚里煅烧碎片。"这一计划在《特里斯坦与伊索尔德》中充分实施了。很难不让人联想起工业劳动过程的量化，亦即将它分解为可能的最小单元；同理，选择一种素材生产的活动来当那一原则的寓言，也不是偶然的。把总体性分解为最小单元，意味着总体性是可控的，它必须服从于主体的意志，而主体已经从一切先行存在的形式中解放出来了。瓦格纳本可以在不完全自觉的情况下发展出印象主义画家的方法的对应物，这一事实不仅有力地证明了时代的生产力的统一性，也有力地证明了个人领域彼此的隔阂。如果说，瓦格纳未能把他的动机技术中潜藏的印象主义发展到它的逻辑结论——或者，只是在情绪音乐中偶尔这么做——那么这既是他对公众的态度造成的，也是他的美学原则的结果。从社会的观点看，新与旧的交缠意味着尽管不断提供着新鲜的刺激物，听众的陈规陋习却从未被冒犯。瓦格纳式的氛围已经在用市侩的愤怒怨恨里的某些东西炙烤加温了，市侩的怒火后来走向了对一切"主义"的咒骂。艺术作品的技术化——艺术方法的合理规划，因而艺术的效果——的进步越大，瓦格纳就越是急于让他的音乐看起来像是自发、直接和自然的，越是急于掩盖控制的意志。和他的实践相矛盾的是，他的意识形态拒绝一切分解的、分析的处理手法。这让我们想到，柯西玛在写给纳齐·张伯伦的信中，用一种野蛮、原始的语言表达她对所有现代音乐的不屑一顾。瓦格纳是个不自觉的印象派，但他只是19世纪中叶的德国这样一个技术和人的生产力落后，因此审美理论也落后的国家能够产生的那种印象派。在这里起作用的，首先是传统的迷信，以为美学观念的伟大就反映在所选择对象的宏大上，反映在艺术作品的纪念碑性质上，这种迷信是前批判的旋律观，并且和瓦格纳本人的立场有冲突。在把瓦格纳比作印象派时，千万不要忘记一点，他的一切技术成就所赞成的一般的象征主义信念是皮维·德·夏凡纳的象征主义，而不是莫奈的象征主义。在瓦格纳那里，占主导地位的已经是原子化的极权主义要素和大权独揽的方面，亦即个人面对总体时的贬值，总体排斥了一切真正的、辩证的相互作用。然而，并不仅仅是个人的无效性才让瓦格纳的总体性具有了如此可怕的含义；毋宁说，为了刻画人物，原子（描述性的动机）始终必须覆盖一种假象，似乎它很重要，但这是它永远无法得到满足的要求。这样一来，主题和动机就和伪历史联手了。我们能够在瓦格纳的音乐中瞥见晚期资产阶级意识的倾向，在这种意识的压力下，个人越来越强调他自身的重要性，而在现实中他就变得更加华而不实、更加无能为力。这套把戏的虚假性可以从瓦格纳的许多动机中窥斑见豹，它们的修辞姿态使其真正的内容不堪重负。当然，有时候，这套把戏奇迹般地奏效。这种形式范畴，作为纯粹假设的动机的这种无效性，个体化的这种暂时性，也是瓦格纳和维也纳古典主义的另一个共同基础。但是，处理手法的意义被颠倒了，因此其美学合法性也被颠覆了。在贝多芬那里，孤立的事件，所谓"意念"（Einfall）[①]，在艺术上是微不足

[①] 阿多尔诺在《新音乐的哲学》中对意念的概念作了注释："意念并不是一个心理学的范畴，不是灵感之事，而是在音乐形式中发生的辩证过程的一个要素。它标志着这一过程中不可归约的主观要素，并且——在这种不可消解性中——标志着音乐作为存在之物的那一方面。精心制作的作品则意味着生成和客观化，而生成和客观化自身明显地包含着作为驱动力的主观因素，正如反过来看作为现实存在的主观因素又具有客观性一样。自从浪漫主义时代以来，音乐就在于这些因素的对立和综合之中。但看起来似乎是，它们抗拒这种综合统一，正如个体意义上的市民概念与社会过程的总体性处于持续不断的对立中一样。主题与它所遭遇到的东西之间的矛盾乃是社会内部不可调和的矛盾的映像。但乐曲必须紧紧抓住意念，如果它不想消除主观因素并使它自己成为极端总体化的图像或隐喻的话。"——英译者注

3. 动 机 · 039

道的，而总体的理念是优先的；动机本身是作为一种十分抽象的东西引进来的，只是作为纯粹生成的原则，作为从它自身产生的总体性，孤立的动机被合并到总体之中，总体被具体化了，并且得到了确证。在瓦格纳那里，过度膨胀的意念否定了它固有的微不足道——因为它的身份不过是前语言的姿态。为此受到的惩罚是它本身为它无法产生的展开所否定，即使它不断要求保持那一方法并为之提供了模型。看似统一的总体性（它的存在要多谢质性个体的根除）最终被证明不过是个幻象，是提升到绝对的层面上的矛盾。

瓦格纳的音乐越是高奏凯歌，就越不能发现自身内部要克服的敌人。资产阶级凯歌的胜利欢呼总是淹没了它虚假的"成就了一番英雄事迹"的声称。恰恰是缺乏任何辩证的素材这一点，证明了我们能够谴责瓦格纳的音乐不过是持续而已。显然，像宝剑或者齐格弗里德的号角之类的动机是不能用任何艺术的形式来把握的。批评他没有旋律上的创造性，指的并不是主观想象的失败，而是指客观的匮乏。姿态的方式不断迫使他诉诸自然泛音的旋律序列。这些证明了主体的激活力量的限度，尽管它要求最高的统治权。于是，对生动和效果的恒久关切迫使瓦格纳采取了信号一般的动机，实际上使得生动活泼不足和技术不连贯。早在《罗恩格林》的序曲中就表现出了这一点。在4个导引小节之后，用8个小节的乐句来阐述主题。前半句听起来似乎缺乏连接："徘徊"的诗学概念似乎阻碍了音乐的逻辑展开，而在技术上，朦胧的审美观念实际上亟须明确的界定。前半句的这种缺乏连接并不仅仅源自它和后半句的关系——在后半句里，形式的意义（无论是旋律的连续性还是因果关系）也并不清晰。即使是前面的旋律也有点脱离了人的理解，因为它迷恋于E和F#这两个音符，但它们的重复又没有成为明确的主题。其理由在第一处和声中。除去了主音和属音，它只利用了下中音，而在乐句的语境中，下中音并不是独立的，只不过是主音的替代品。第一音阶和第六音阶之间的不明确的和声关系反映在从 E 到 F# 的音程缺乏旋律的连接上，而事实上，高音总是陷入这两个音符。和弦的小变化本身是乐段的经济学的产物。副三和弦（某些用当地的声调进行了调制），或者直说，低音的新鲜音符，是为后续而储备的，后续则不得不设法对付前面的材料。于是，在后续中，尽管旋律依然像前面那样固恋于同样的音符，E 和 F# 小调，却突然获得了形状，这要多亏和 F# 小调、E 大调、B 小调的联系打开了和声的视域。但是瓦格纳只能很节俭地利用和声视域来产生这一旋律的塑形，不仅仅是因为他总是不得不考虑过长的时间音程，也因为他关注着指挥和总体效果的要求。自相矛盾的是，无论在理论上还是在他自己的实践中，瓦格纳的半音阶体系并不缺少向调性的某种回归，只有《特里斯坦与伊索尔德》除外。缺乏了全音阶乐段（如前例中那样）的反平衡，和弦的变化与半音阶的声部写作就导致了瓦格纳如恐惧瘟疫那样避之唯恐不及的秘奥体验论。《纽伦堡的名歌手》里的论战的主要意图之一就是要倾吐对秘奥体验论的蔑视，而在那里，过于复杂的《纽伦堡的名歌手》和人们的不受抑制的健康本能形成了反差：撤销他自己的内在信仰，这个念头进入了瓦格纳本人的作品史，它和它那极具创造性的中心《特里斯坦与伊索尔德》的关系有点儿像康斯坦斯湖上的骑士[①]。

　　在瓦格纳那里，"可理解性"的社会顺从主义要求和"生动性"的审美要求原本是一致的，现在却分道扬镳了。它们自相矛盾地要求一切既是可理解的，又是卓尔不群的，这一悖论同样影响到了他的作

[①] 古斯塔夫·施瓦布的诗歌中，虽然康斯坦斯湖完全结冰了，但是湖上的骑士并不知道他正冒着巨大的危险。这个俗语用来形容无知的无畏者。

品的两个方面，全音阶的动机和半音阶的动机。《特里斯坦与伊索尔德》的"独特的"、迷人的半音程再也无法辨别，反过来，自诩为远古的号角齐鸣也很难说是一种旋律。尤其是在后者走向了杂乱无章之后，可以在《莱茵的黄金》的序曲中看到其完备形式。破裂蔓延到了每一个意念的核心。作为音乐范畴之一，意念是最近才起源的。17世纪和18世纪早期的人并不熟悉它，就像某些旋律并不熟悉财产权那样。意念的存在仅仅表明了单子般孤立的作曲家努力在音乐材料中铭刻出具有独特个性的痕迹。然而，瓦格纳的作品意在让这些被铭刻的个性失去其身份，汇入自然的材料。抗议的力量（等于是意念的同义词）在他的作品中被取消了，而作曲家越是懂得如何辖制不合群的音乐材料，就越是把握不到它们，最终他孤注一掷地赞扬其为本质。瓦格纳的作曲技术的趋势和他的文本的趋势一样，是消解一切确定、具体的东西，使之成为未分化的团块，无论是成为"元三和弦"还是成为半音阶体系。瓦格纳对典范的敌意最终走向了荒谬，走向了无可名状、不确定和抽象。以至于在马克斯·雷格那里，作品里没有哪个主题或小节不能变换为另一个主题或小节的；而在他的新德国乐派的继承者那里，在施特劳斯和普菲茨纳那里，动机材料的内在脱节已经非常明显：其特征是两极分化，一端是浮夸的庸俗，另一端是令人绝望的不连贯。

细节水平上的这些脱节也反映在宏观整体上，这就是拜罗伊特学派所说的"无尽的旋律"。和别的地方一样，这也不是什么新事物：空洞的用语掩盖了一个缺陷。无尽的旋律作为红线，牢不可破的主旋律线，也是维也纳古典主义早已有之的特征。旋律从一种音色跳到另一种音色，使得管弦乐队的统一性更加为人感知。瓦格纳对于激发他的全部作品的"高扬风格"的考虑，用它来反对小资产阶级音乐的小确幸的考虑，使得他对被分裂在各个样式类型中的，可以轻易总结概括的音乐做出了独一无二的抗议。他发现在勃拉姆斯那里仍然有这个令人恼火的方面，因此他在和尼采争吵时提到了"胜利之歌还是命运之歌"。表面上，旋律的流动被尽可能保持连续，既然听众的记忆无法抓住任何小尺度上的音乐单元，这就在总体效果上更加不可阻挡地驾驭了他。无尽的旋律不断地占了那些发散得形成差异、连接得不太紧密的乐段的上风，浪漫主义偏爱的形式向模仿彻底投降了，如此彻底，以至于奏鸣曲都愿意服从歌曲的典范。部分出于爱好，部分出于必然，瓦格纳的德国继承者的旋律越来越受局限了——就不要说19世纪初期的脍炙人口的歌剧里的旋律运用了。和瓦格纳在大尺度上的旋律的复合运用相比，可以看到后者意味着一种进步（类似于和1848年之前相比，俾斯麦时代的工业高潮是一种进步）以及对进步的类似怀疑。

在《纽伦堡的名歌手》最成功的段落里，在《齐格弗里德》的第三幕里，偶尔在《女武神》里，瓦格纳实际上获得了一种迄今为止史无前例的旋律灵活性：似乎旋律的冲动从小尺度的乐段的桎梏中解放出来了，似乎紧迫和表现的力量冲破了常规结构和对称比例的束缚。然而，作为对动机技术的补充完善，无尽的旋律仍然是一个幻象。不仅在于它缺乏连接；尼采发现瓦格纳缺乏形式，这就表明连他都是用毕德麦雅时代的听众的耳朵来听瓦格纳的。然而，瓦格纳唯恐从贝多芬延续下来的"红线"会中断，这一焦虑从一开始就导致了旋律流缺乏区别。无论如何，在瓦格纳和他的浪漫主义先驱那里，旋律都仅限于容易理解的前景和主声部之内，而不像室内乐调教出来的维也纳古典风格那样。人们津津乐道的"旋律在乐器中的分布"在音色上改善了音乐，但没有使旋律本身变得辩证，并没有用真正分析性的器乐谱写法来解决矛盾。这种初级的方法被韵律的效果巩固了，瓦格纳本人是抵制韵律效果的，他在《罗恩格林》和《莱茵的黄金》之间的那些年发表了大量的批判观点。它源自"无限"这个概念，亦即时间维度的过度延伸。需要很多小节才能构成一个韵律的单位，而在瓦格纳的音乐中，就像在维纳斯堡一样，七年只是一天。只有在更大的结构上，我们才找得到变化。细节的设计从一开始就惦记着总体，而没有任何内在的本质力量，因此细节一而再再而三地陷入了单调乏味。这在《罗恩格林》里尤其明显。准交响乐的乐章往往只是由冗长的各个部分累加而成，比如在极富创造力的《特里斯坦与伊索尔德》第二幕中，每个部分都由一个主导动机推动，直到它精疲力竭。当下一个动机终于进入时，效果是完满的交换，而不是逻辑的结论。这些部分本身贫乏得令人惊讶，哪怕只是和莫扎特最简单的作品相比。主要的声音的不耐烦，亦即渴望得到大场面的要素却不要恼人的复杂性，造成了进一步的后果：所有真正的复调都被阻止了——尽管新德国乐派的作曲家声称的与此完全相反。唯一严格对位的乐段是由主题结合而成的。在最为人称道的例子也就是《纽伦堡的名歌手》的序曲中，这些乐段的高度的文学效果源自旋律的自相矛盾的同时性，本来这些旋律应该是前后相继的，并且是需要和弦伴奏的。它们造成了不同动机的综合的神圣化，从而仅仅确证了基础性的主调。无独有偶，管弦乐队内部声音的那种备受赞扬的自律性（甚至成为早期勋伯格的榜样）也是由和声决定的，至少在瓦格纳本人那里是这样。内部声音使得和弦的运动彼此渗透，并阐述着它们，而这符合基本的规则：四声部的和声运动中，展开应当迈小步子，尽可能不要跳跃。更重要的是，内部声音的自律性也满足了表现的需要。作曲家的目的，以及他的乐队的实践经验，是为了让它们更"有意义"，从而在演奏的时候能够带来产生总体效果的那种表现。不容置疑的是，瓦格纳的和声复调对独立复调的出现做出了决定性的贡献。在《特里斯坦与伊索尔德》《众神的黄昏》和《帕西法尔》里面，我们有时会感到，瓦格纳如此谨小慎微地遵守的那种安全的四声部的和声结构在复调的反压力作用下摇摇欲坠。无尽的旋律本身则依赖于和弦的发展，因而根本不是自律的，也没有从那种自律性中得到什么益处。对作曲手法的全部领域的这种强制性断绝——强加的个人"风格"的不可避免的完成——迫使瓦格纳陷入了重复、拖沓的持续和过度延长，最终全靠一群动机撑着，而动机本身的设计仅仅是从这种无限性出发的。这一点（而不是旋律从明确的、可观察的停顿中解放出来）才是被瓦格纳的早期听众当成他"没有形式"的证据的那些不协调的罪魁祸首。瓦格纳的旋律其实不能兑现它对无限性的承诺，因为它非但没有以真正自由的、不受约束的方式展开，反而诉诸小尺度的模型，并且把那些绑在一起，以替代真正的展开。在无尽的旋律中，一段段旋律的结束实在是太明显了。它们只是用突然插入的、刻板的终曲和弦来作为串联过渡，比如属七和弦的"解决"是靠属音的属七和弦的第二次颠倒。假装的无限性是坏的无限性，它不过是某种有限之物的外壳；无尽的旋律之所以敢于一直持续下去，只是因为它觉得在各个部分的序列中待着极为安全，因为它最终知道自己是没有变化的。

因此，符合逻辑的结论就是，无尽的旋律这个概念并不能够产生任何持久的效果。更强烈的效果来自与之紧密相连的手法：语言式的朗诵调。这有赖于一个前提，传统的旋律连接不再被人承认，水平的进展挣脱了统辖韵文和歌行的规则，而且这一新政也包括了音乐对文本的处理。这就让我们面对着一桩社会事实。众所周知，瓦格纳的朗诵调常常被认为根源于乐队伴奏的宣叙调（recitativo accompagnato），哪怕瓦格纳从一开始就竭力抗议把它和宣叙调混为一谈。在《禁色》中偶尔有些地方借用了小歌剧（Spieloper）的惯例，把旋律的主声部交给管弦乐队，而歌唱的声音像伴奏一样"说话"，比方说，坚持用一个音符。恐怕有人会大胆猜测，罗西尼和奥柏之类的歌剧作曲家的名声来自他们在这种癖好上的才智。这么做的意图在于，小歌剧能够把文字的意义传达出来，而不牺牲其音乐的结构条理，也是为了缓解大歌剧在其风格上的严格性，有利于它的实际生存。无疑，瓦格纳从他一向诟病的样式那里借用了歌唱声的朗诵用法。他本来总是谴责小歌剧的冷淡和肤浅。显然，他努力试图把喜剧歌剧和严肃歌剧结合起来，就像维也纳古典主义把巴洛克鼎盛时期的华丽风格和精深风格混合起来那样。这就意味着动机的内容来自激动人心的浪漫主义歌剧，而语言、歌曲和乐队的关系来自小歌剧，"乐剧"的风格则建立在《魔笛》《唐璜》和《费德里奥》已经尝试过的"不同歌剧类型的统一"的基础之上。然而，严肃歌剧仍然是封建的、宫廷的仪式的一部分。另一方面，喜剧歌剧，正如佩尔戈莱西已经表明的那样，属于资产阶级反对派。瓦格纳将两者统一于资产阶级的统治之下，作为交换，资产阶级放弃了一切深远的反抗冲动。这恰恰是朗诵调摆明了的。在晚期作品里，我们发现《禁色》的朗诵调已经放弃了它的讽刺性，它揭穿统治者的尊严的能力——实际上，它是靠这一品质才赢得了机智的美名的。取而代之的是对情感的讽刺，瓦格纳的歌唱家们的咆哮是这一门不当户不对的婚姻的孩子。这一资产阶级化了的情致（pathos）——这个短语就表明了它为何近乎荒唐——在瓦格纳的押头韵那里建立了它自己的语言手法。这跟散文的发展趋势有关。正如音乐扔掉了一切刻板的典范，音乐也无法容忍文本里的任何刻板。资产阶级反对派为语言的祛魅而斗争。然而，无能的背叛者返祖一般地从祛魅中夺取了一种新型的巫术：资产阶级的语言听起来应该像存在本身开口说话。瓦格纳改造了韵文的语言，使之不再干涉音乐的声调，并且像散文一样熨帖地适合思想和音乐——这是进步的一面；反动的一面是，他掺进了一种巫术的成分，并且采用了一种语言的姿态来模仿韵文和散文分化之前的状态。

总的说来，瓦格纳的音乐对语言采取了一种全新的态度。他不对语言做出反应，他也不像舒伯特那样遨游在词语的森林和山洞里。作为对寓言形象（即主导动机）的诠释者，语言被铁丝网过滤了，似乎它是异质的、不相干的对象。瓦格纳在这方面取得的成功要归因于一个几乎没人注意到的经验层面：将物性的、平凡的、干巴巴的、非音乐的对象吸收进来的能力。在贝克梅瑟、米梅的刻画中，表现的边界被推回到诗的主体性之外，没有陷入纯粹的图解。在这里，瓦格纳最接近一位他完全不知道的作曲家：穆索尔斯基。随着这一趋势扩展到日常现实的平庸之外，超越了已经变得"资产阶级"（贬义）了的世界的高度风格，全新的音乐人物成型了。这一趋势的进一步发展赋予了胡戈·沃尔夫特别的声调，而它死于施特劳斯的俏皮话之手。塑造纯粹的音乐角色，是瓦格纳的瑕疵，但也正是这个瓦格纳，他在把表现的人物转译为音乐上的天才是无与伦比的。它们构成了他的全部音乐语言的特性之一。拜罗伊特的英雄的谆谆教导"孩子们，创造点新东西！"很好地宣告了这些新的表现人物的要求。实际上，除了马勒是个仅有的例外，这些人物在瓦格纳之后就衰落了，为了内在的音乐技术而牺牲了，这一才能的衰竭无疑和现代音乐的突出代表的专业性有关。但是，这一总是生不逢时的才能根本不是戏剧上的才能，而瓦格纳的才能主要是剧院性，而不是戏剧性。《特里斯坦与伊索尔德》之后的作品的奇怪类型属性（《纽伦堡的名歌手》不属于任何类型）表明瓦格纳本人对此并非一无所知。对戏剧来说，他显得太意识形态了：他不能让理念居于行动之下，仅仅通过行动来表达理念，反而觉得他作为一名艺术家就必须扮演直接发言的辩护士的角色。他和浪漫主义运动对待史诗的倾向是一致的：在报道史前时代的活动中，他的音乐向史前的世界致敬。他有时甚至使用了记者的语言，例如在《齐格弗里德》第三幕中，齐格弗里德在和睡着的布伦希尔德的那场戏里学会了什么叫恐惧。表现出来的情感并不像晚期作品中那样，是那些剧中人的情感，而是反映了作者的那些情感。如果把它当作音乐的一种功能，那么它有助于取消时间。沃坦在《女武神》第二幕里的长篇大论或者齐格弗里德临死前的冗长念白，都没有任何戏剧上的正当性。它们没有提供任何不能在行动本身中发生的东西。但是在戏剧的关键时刻——当沃坦否定了意志，当一个伟大的希望毁灭了——它们偏离了行动本身，回到了过去，正如巴歌体的姿态的形式意义是它的自我取消和回归主体。瓦格纳的叙述中止了行动，因此也叫停了社会生活过程。叙述使其静止，好陪伴着它下降，沉入冥国——瓦格纳音乐的理想。它们作为伴奏的这一功能，将一种史诗性赋予了瓦格纳音乐。当它把主人公拖走的时候，无论是欢乐还是悲哀，都预见到了社会的判决。然而它越是急于让观众喜欢它，似乎它是他们自己的决定，就越是必须假装与人物直接同一，与歌手和主人公之间的分裂的这一面同一。因此，穿着"主人"的服饰谈话的诗人必须坚持他与自己的创造物的神秘同一，而作为他的人物的扮演者，他又必须用音乐来模仿他们。这就解释了他的音乐的暧昧立场：它混淆了戏剧角色的诗性反映和指挥在姿态上、情绪上的直接性。这一点表现在瓦格纳写给李斯特的信中，他告诉李斯特，他中断了《尼伯龙根的指环》的写作，说他把年轻的齐格弗里德留在菩提树下了，在那儿流下了许多伤心的眼泪。[1]

他的音乐为它自己的孩子流下的眼泪，其实意味着流泪的人。让音乐被他感动，公众就会欢迎忏悔的浪子。公共的聚会场所不是公共生活的和解，而是使双方都深受其害的致命的命运。

---

[1] 参见 *Correspondence of Wagner and Liszt*（New York, 1969, Vol.2, p.204）中 1857 年 6 月 28 日的信。

4. 响　亮

　　隐藏在瓦格纳音乐的形式结构和旋律结构下面的矛盾——技术层面的失败的必要前提——主要位于以下事实中：永恒不变的重复将自身假扮为不断的翻新，静止假扮为运动，而反过来，内在的动力学范畴被设定为非历史的、前主体的人物。瓦格纳的作曲是不连贯、不一致的，但这不是因为它以静止为目标，也不是因为它以存在（20 世纪中叶的存在论哲学意义上的）为目标，也就是斯特拉文斯基的道路。尽管瓦格纳同斯特拉文斯基和史前的东西都有深刻的关联，但正因为这样，斯特拉文斯基认为他自己是瓦格纳的截然相反的对立面。斯特拉文斯基源源不断地开掘出退化的新形式，在他的审美意识形态中，正如在法西斯主义的意识形态中那样，进步的概念被拒斥了。但瓦格纳生活在上一个世纪，扎根于自由主义传统，并预感到自由主义的返祖现象，他宁可把退化要素呈现为进步，把停滞呈现为运动。因为他拥戴的那个阶级已经面临着历史趋势的威胁，却没有觉得要被历史审判。相反，它将自身的动力学的可预见结果视为存在基础上的形而上学灾难。瓦格纳那里的返祖成分始终如一，创造的力量在其中获得了解放。现在，个人主体第一次在音乐中受到了社会危机的影响，尽管他软弱，却不仅仅在具体的丰富性、表现性和敏感性等方面受益匪浅。此外，和资产阶级祖先的时代那种可能至尊无上的个体相比，他表现出其他一些特征，比如行动自由，拒绝保持稳定和保持冷静——这些特征超出了他所属于的秩序。

最能让瓦格纳的这些特征快乐绽放的地方，莫过于他的退化倾向离开了运动的谎言之处，在那里，社会主体能够面对面地看着自身的返祖现象，毫无歪曲地将它纳入其材料，从而书写其历史。因此，瓦格纳的真正创造性的要素出现在主体放弃了主权并消极地沉迷于古代的东西、本能的东西的那些时刻——正是由于这一要素得到了解放，它放弃了"赋予时间进程以意义"这一现在无法实现的要求。这一要素，具有和声与音色两个方面，就是响亮。通过响亮，时间似乎在空间中呆住了。作为和声，它"填充"了空间，而音色这个概念（音乐理论再也找不到比这更好的说法了）干脆是直接从视觉空间的领域里借来用的。同时，它不过表达了在瓦格纳那里消解掉了的无言的自然状态。如果说，在瓦格纳那里，音乐确实退化为无时间性的声音媒介，那么声音本身在时间上的遥远距离则通过使其结构不断瘫痪于时间维度中的倾向，让声音能够不受拘碍地展开。作为表现性，主体的创造力最大胆地登上了和声层面。《尼伯龙根的指环》里像魔咒一般的睡眠动机诱发了后来在十二音体系中的和声的发现。瓦格纳的和声用法中的印象主义先兆比他的原子化倾向更令人吃惊。我们熟悉的《特里斯坦与伊索尔德》的例子还可以再扩充以无数更极端的例子：《女武神》从增三和弦中发展出全音阶的组合，《齐格弗里德》中，在米梅说出"你的母亲给了我这个"之前，有一段隐含的（如果和声还不够明显）多调，在 C 大调和 F 小调之间徘徊。然而，我们首先想起的是流浪汉和法夫纳之间、法夫纳和齐格弗里德之间的短场景的三全音基础，在那里，和声运动的概念被中止了（恰恰是在德彪西的意义上），而代之以功能模糊不明的线索的游移不定。尽管如此，将瓦格纳仅此而已的和声用法指认为印象主义可能是一个错误。我们当然没有忘记雷诺阿画了他的肖像，但如果他拒斥绘画中的印象主义——德彪西将这种印象主义的技术移植到音乐中——那么他对提香的赞扬无疑意味着付出了现代"涂鸦者"的代价。没错，瓦格纳在所有超出他自身的狭隘的专业领域之外的事情上都站在了极权主义的古典主义一边，而反对现代派。尼采说瓦格纳是个"跟时代格格不入的人"，这个说法被扭曲为《特里斯坦与伊索尔德》作者的恶毒的自命不凡，成为马拉美之前的巴黎象征主义者的偶像。与此同时，他本人的和声创新超越了印象主义，起码超越了他的继承者的印象主义。当理查·施特劳斯使用瓦格纳式的不协和音以及从中开发出来的不协和音时，他只是在挑逗，将它们成群结队地插入比瓦格纳逊色得多的原始的和声结构中，而老一辈的作曲家不时用不协和音来破坏基本构架。它们从建构的力量中收获颇丰。即使是在细节层面上，他的不协和音也超越了印象主义的那些不协和音。《女武神》中沃坦的大爆发，在"哦，神圣的优雅"这句之前，一个和弦包含了 6 个不同的音高等级（C、F、A♭、D♭、C♭、D），实际上从未分开。在《齐格弗里德》中，当米梅说"对我的担忧而言，现在这是我的酬劳"时，有一个九度和弦正是不协和音。在上述两部歌剧中，减半音的七度连同叠加的小九度构成的五音音阶获得了一种主导动机的含义；在《帕西法尔》中，这尤其突出，它往往继之以同一个声调的琶音，而不是解决[1]。然而，比这些声音的出现本身更重要的是它们的功能。通常的解释是以全音阶的半音程、半音阶和不和谐为基础的，所以错失了要点。起初，向半音阶靠拢的浪漫主义倾向是进步的。在瓦格纳的手下，在一个完全被半音程

---

[1] 阿多尔诺似乎想到的是孔德丽的尖叫。——英译者注

支配而没有任何反对力量的体系中，它第一次成为某种平和、静止的东西。即使在这儿也释放出平衡的力量：恰恰因为半音阶体系是一种总体性，所以它自身内部产生了抵抗力，充满活力的副三和弦根本不只是取代了主音和属音。库尔特在这一点上尤其有失公允。他当然注意到了不协和音的解放，以及让原先可有可无的东西现在变得自主的那个基本过程[①]。但与此同时，他认为不协和音"仅仅是音效"，而不是视其为与和声有等级关系的，从而跟施特劳斯的不协和音丛实践构成了理论上的反差[②]。20 世纪的头几十年里，音效概念成为最卑劣的报章滥调，不是没有原因的。库尔特无疑不想掺和到这里头。他将和声解释为"充满活力的"，而不仅仅是声音，这似乎是属于先锋派的语汇，并有助于揭示那些基本上属于和声的运动特征。库尔特把不协和音与协和音程之间的和声关系解释为一种张力和解决。随着和声事件之间的张力概念取代了它们出现在华丽的低音谱号中的纯粹静态的配音方法，过时的理论框架的遗迹被清除了。无论如何，那一框架已经遭到了黎曼的功能概念的攻击。但是，在库尔特看来，张力仅仅掩盖和阐释了它们所"代表"的解决，因此张力是通过（被）解决来决定的。这就剥夺了张力概念的重大价值。尽管这个词有着主体的、心理学的转向，但或许正因为如此，它坚守着来自音乐学校曲目的"不和谐"概念。他小看了以下事实：不协和音（比方说，特里斯坦式的和弦）遍布之广，使其成为主要的东西了。在瓦格纳的诠释中，不协和音已经肯定了面对解决的那种有主权的主体性特征：他们抗议社会权威制定规则的权利。所有的活力都在不协和音一边。在比较中，个别的解决成了越来越老套、肤浅的布置或保守的声明。就像在巨大的

[①] Kurt Hildebrandt, *Wagner und Nietzsche*, p.297.f

[②] Kurt Hildebrandt, *Wagner und Nietzsche*, p.302.f

信用体系中，否定之否定，债务的彻底清算，被无限期推迟了，于是张力成了绝对的原则。库尔特忽视了这一点，强迫不协和音服从于跟它们相矛盾的、只是表面上竞争的协和音程，因此他对和声的"现代的"运动特征的善意中却依然偷偷塞进了传统主义和权威主义的私货。凡是在不协和音实际上嘲笑着这种解释的任何地方，库尔特都不得不把它们降低到纯粹音效的层面，这就和他本人对"响亮"概念的猛烈抨击相抵触了。偶尔，他在讨论和他对立的黎曼和塞希特的和声理论时，也会接近对浪漫主义和声的一种辩证的解释[1]。除此之外，他依然无法突破这种非辩证的、功能主义的和声论。

当然，瓦格纳本人鼓励这种解释，因为他把音乐定义为过渡的艺术，而回归到无言的自然的寓言倾向最终证明了他是对的[2]。消解一切定形物的冲动，使万物流动并抹去一切清晰边界的冲动，在技术上被转译为对不变的中介的关注。但是，功能性，张力与解决之间的中介，对剩余物（过程之外的任何东西）没有任何用处——这一方法不应做过于粗糙的、望文生义的或目光短浅的解析。过渡概念根本无法完全概括瓦格纳的和声实践。我们在这里想到的不应是全音阶体系，洛伦茨轻而易举地反驳了库尔特。在基本上是全音阶的《纽伦堡的名歌手》里，古代的风格化（非常类似于勃拉姆斯的形态）允许限制了主音的优先性并同时丰富了调性的"副三和弦"的强化。老树开了新花。 然而，这一反动（使和声的细节取得自主性的这个过程）的最重大的后果恰恰是不协和音从它的各种解决中解放出来。这一过程得到了重音的强调。在持续的和声段落中，重音不断落在不协和音上，

---

[1] Kurt Hildebrandt, *Wagner und Nietzsche*, pp.308n, 311.

[2] 瓦格纳 1859 年 10 月 29 日致玛蒂尔达·魏森冬克的信；引自 *Wagner und Nietzsche*, p.454n。

而不是落在解决上。在《帕西法尔》这部开始批判所有纯装饰的音乐要素的作品中，不协和音有时公然以胜利者的姿态出现。它们突破了解决的常规，并且是"分开的"，而不是进入单一的线索。当瓦格纳表达了一个观点，说帕西法尔的叫喊"安福塔斯！——伤口！"的力量要强过特里斯坦对爱情的诅咒时，他将 8 个小节置于作品的中心，其整个结构立刻在无调性的门槛上维持住了平衡。瓦格纳的两可态度甚至决定了他的和声的两面性。这一点，连同不协和音的解放，不仅增强了表现，也扩展了其范围。两可本身成了表现的一个要素。在贝多芬乃至浪漫主义的高峰期，和声的表现价值是固定的：不协和音代表否定和痛苦，协和音程代表实现和肯定。瓦格纳改变了这一切，和声的情感价值有了更进一步的主观分别。要举例说明的话，可以拿《纽伦堡的名歌手》里的寓言性标题"春天的命令，甜蜜的必然"为例，以此为题的和弦表达了情欲要素，从而概括了全部行动。它既讲述了无法实现的剧烈痛苦，也讲述了张力之中的欢愉：它既是甜蜜又是必然。这一表现的中间层，实际上是 19 世纪的音乐现代性的缩影，在瓦格纳之前并不存在。痛苦可以是甜蜜的，欢乐和痛苦的两极不是僵硬的对立，而是互为中介的，这些都是作曲家和观众从瓦格纳那里（而且仅仅从他那里）学到的。也正是这一经验才使得不协和音有可能将其范围扩大到整个音乐语言。瓦格纳的音乐中很少有比享受痛苦更有诱惑力的地方了。不协和音在成熟作品中常规运作，作为表现的载体，但是它实际的表现价值仍然利用了它与三和弦之间的对比；和弦之所以是表现的，不在于任何绝对的方式，而仅仅在于它们与协和音程之间的距离。它们是用那一距离来衡量的，即使在协和音程被略去之处。在总的概念里，调性的至上性仍未受到挑战，瓦格纳的音乐仍然将和声的进步概念运用到新的和弦类型似乎要把事情过于简单化处理的任何地方。瓦格纳没怎么偏离主流的音乐习俗，正如他没怎么偏离资产阶级社会的内在现实。他的革新基本上被传统吸收了，无论其最终效果如何颠覆传统。瓦格纳的成就只是间接地改造了音乐语言，也就是说，扩展了调性的空间，而不是直接中止了调性。无论洛伦茨怎么夸奖整个行动和作品的调式安排，它们对他的作品的组织结构的影响微乎其微。缺乏任何真正的主题结构，也影响了他的和声运用。黎曼的"功能"确实随处可见，然而并没有勋伯格理论意义上的"功能和声"；个别事件也好，两可的和声也好，这些安排都没有产生一个总的形式视角。瓦格纳对变调的厌恶，这一奇怪的保守残余，和纯粹半音阶的回避完全配搭，最终让他的和声失去了最佳的资源，即深度的形式组织化——塞希特的笨学生布鲁克纳曾在表面上尝试它。有时，当瓦格纳没有下定决心变调的时候，如在《纽伦堡的名歌手》的序曲中，为了打破过于持久的 C 大调，他对变调的使用往往看起来就是在回避，显得非常随意、不平衡，突兀得简直快要失去跟前面更冗长的音阶乐段之间的形式平衡感了；这一切当然刺激了更进一步的效果。瓦格纳的形式的界限也是他的和声的界限。

　　和他的作曲方式的其他要素隔离开来，他的和声也陷入了他的风格的矛盾之中。我在这里想起一个还没被人充分理解其全部含义的事实，也就是说，在他的成熟作品中，哪怕是在管弦配乐最丰富的作品中，也总是学院派一般地坚持四个声部的和声组织结构。这经常采取以下形式：旋律在高音声部——持续的低音声部具有不同的意义——内声部给出了和声支持或上色的滑音。四声部和声结构可以解释为一位浅薄涉猎者对和声理论的常规"赞美诗"的过度尊敬，然而可能也是对一位打拍子的作曲家的立场的过度尊敬。赞美诗调为常规的冲动提供了和声的展开，在其中，和弦落在每一拍上。《齐格弗里德》里的流浪汉的和声是其榜样。和声的单调与格律的单调正相符合，至少这样的模式几乎没有变化。渗透了瓦格纳的解放意图的，是诸和声及其之间的关系，而不是和声化。它往往显得好像是这样，通过打破所有规则的和弦的教科书设定，和声革命急于抚慰他避开的老师。和声结构因低音踏板的使用变得毫无生气：总的说来，低音音符比和声事件更少。这就带来了一些沉闷，他的音乐的黏滞性。这无疑是他的青年时代对音阶调式一知半解的遗产，就像《黎恩济》里"阿达纳诺，是你？去柯隆纳？"这一句之前的前奏曲那样。出于这一必然性，成熟的瓦格纳养成了和声多价性的美德。不和谐的要素获得了一种极其自相矛盾的意义。最好从它的史前史去理解它，而不是从特里斯坦的最终产物去理解。在《漂泊的荷兰人》序曲中，已经可以看到从 D 小调向 A♭ 大调的变调受到了原先和 A 小调有关的减七和弦的意义变换的影响。《罗恩格林》在艾尔莎的视域中拥有了它的充分发展的形式。那 8 个小节被瓦格纳本人引以为典范。变调从 A♭ 大调经过 C♭ 小调、B 小调、D 大调、D 小调、F 大调－小调再回到 A♭ 大调。重点是不和谐的从 C♭ 到 B 的变调，而这又出人意料地出现在柏辽兹的《即兴曲》中。在《黎恩济》中，这一惊人的效果，例如"我认为你高贵、自由和伟大"这句话之后的 G♭ 仍然粗鲁地、突兀地打破了整个结构。后来在《罗恩格林》中，它又不和谐地被整合进了整个作曲中。新事物同时也是老把戏。在新事物中，它又认出了自己，从而易于掌握。"听起来很老，却如此新鲜！"[①]——那大概是瓦格纳的不和谐与和谐的总规则。那样的和弦，包括《纽伦堡的名歌手》序曲第 3 小节的第一拍，特里斯坦和弦，或者《众神的黄昏》里莱茵河少女的和弦（她们警告

---

①《纽伦堡的名歌手》里的汉斯·萨克斯说的话，第二幕，第 3 场。

齐格弗里德时的伴奏），都可以追溯到"老把戏"上，即过渡、变换和中止等概念。但是，通过一种奇特的规范颠倒，这些技法占据了音乐进程的中心，从而赋予了它们史无前例的权力。只有把它们和当代音乐的最先进的材料进行比较，才能完全理解它们：在当代音乐中，瓦格纳式过渡的不容更改的存在已经被淘汰了。

5. 音 色

瓦格纳的和声摇摆于过去和未来之间，音色这一方面却可谓是他本人的发现。严格意义上的管弦乐作曲的艺术，亦即"音色本身成为行动方式"[1]意义上的音乐进程的色彩生产，在瓦格纳之前并不存在。瓦格纳第一个使细微的作曲差别成为可感知的，他也第一个用色彩的方法实现作曲复合体的统一性。理查·施特劳斯在他的新版柏辽兹《配器法与管弦乐队研究》(*Treatise on Instrumentation*)上评论道，瓦格纳的每一部作品都具有独特的乐器组合方式、独特的管弦乐风格，瓦格纳在管弦乐风格化上的天赋如此之高，乃至在高度统一的《尼伯龙根的指环》四部曲中，每一部歌剧也具有独特的声音品质。瓦格纳的配器艺术影响到了混合与过渡的和声艺术，而不仅限于全音阶之类的老技术。相比之下，柏辽兹的贡献是外在和机械的。诚然，他发现了如何创造出闪亮的管弦乐效果以及个别音色的价值，但是他没有把这些音色的发现吸收到作曲中，也没有用作曲生产的方式来利用它们。如果说，瓦格纳从柏辽兹那里知道了如何把音色从乐句中解放出来，那么他自己的贡献是为乐句赢回了被解放了的音色，并废除了两者之间的古老区分。这里，他战胜了一切常规的作曲模式。正如在瓦格纳之前不存在管弦乐作曲艺术，同样可以认为，在他之前并不

---

[1] *Richard Wagner's Prose Works*, Vol.3, p.330

可能设计出一套符合和声和对位法理论的管弦乐作曲理论。我们能给出的只是音质的分类法和经验总结。没有规则来指导音色的选择，只能通过具体语境中的具体要求来说明选择的对错，这只是在现代音乐中才为和声与旋律建立起来。音色这个方面是瓦格纳轻车熟路的领域，是他的主体性的第一领域，而管弦乐作曲者瓦格纳的音色情感是对那个给女帽商人写信的人 [①] 的情感敏感性的补充完成。由于瓦格纳扩展了配器的手段，发展了自律的技术，他的管弦乐队基本上是亲密的：逃到指挥台上的作曲家在管弦乐队那里感到宾至如归，那些乐器的声音向他诉说，既魔幻又熟悉，就像孩子们看到的色彩。瓦格纳的管弦乐艺术的真正概念其实和他在《罗恩格林》中向亲密性的转变是吻合的。施特劳斯，唯一对瓦格纳的配器理论指点迷津的人，热切地建议学生们学习《罗恩格林》这部歌剧里的木管乐器组合的优点。《漂泊的荷兰人》和《汤豪舍》则没有任何配器上的出色直觉。组合的原理直至《罗恩格林》才真正具有结构上的重要意义。

木管乐器和木管组合在《罗恩格林》中的特殊地位，跟规定了整部歌剧的风格的那场婚礼的诗学观念有关，而不仅仅是婚礼的进程和婚房。施特劳斯注意到，在某个地方，乐器声音对管风琴的模仿寓意着那个诗学观念：乐器的使用本身意味着要将管弦乐队的声音与乐器的声音调和起来，乐器的声音与整部大歌剧格格不入，事实上在里面显得陈腐不堪。这就导致了极为矛盾的要素的组合。中世纪罗曼史中的大臣和夫人的闺房导致了用乐器来唤起一个得到上帝确证的、无所不包的世界的理想图景，木管创造出了这一古代的图景。其任务是提供一种客观的平衡物，以平衡弦乐的主体性表现。然而，与此同时，

---

① 瓦格纳写给维也纳女帽商人贝塔·格德瓦克（Bertha Goldwag）的信，1906 年首次发表。英译文见 *Richard Wagner and the Seamstress*，1941。

对无缝的形式总体性的渴望——瓦格纳反对传统歌剧的法宝——使得木管的声音必须尽可能与弦乐的声音和谐一致，最终水乳交融。施特劳斯谈到木管的"黏合剂"作用。通过模仿管风琴，它们和管风琴相似的刚性被软化了。它们合成的声音一方面是管风琴和停止的组合，另一方面是和弦乐部分的混合、融合。

要说明这一点，说明瓦格纳的管弦乐作曲法的一般功能，就只能分析这一部对他的管弦乐队概念至关重要的作品。在第一幕第 2 场的开头，台词"看，她来答复对她的严重指控了！"后面跟着 8 小节的管乐书写。从主题上看，这一句和艾尔莎描述其梦境的异名同音的乐段紧密相连。它被分成了两个四拍子的小节。在前导部分中，木管部分被完全复制了，尽管是力度减弱了的复制。对此的直接解释是需要纠正同质性的缺失。长笛既没有单簧管那么尖锐，又比它难以融合。它们太弱，同时又太不合群，跟整个音色不大和谐。然而，就瓦格纳的配器法中的声音的微言大义而论，双簧管只有在"强"力度的部分才被用为复制的乐器。在弱力度的段落中，它们的音色显得太尖锐，表现的范围太窄，会被误认为不是双簧管；如果它们和长笛齐奏，就会统治长笛，而不是融入其中。反过来，双簧管用法的改变是瓦格纳最重要的革新。在传统的乐谱中，双簧管的地位高于单簧管，在维也纳古典乐派那里，它们在绝大多数情况下调子更高。如果和没有色彩的单簧管一起，就严重丧失了平衡，古典的木管齐奏中的这种随意组合是瓦格纳无法容忍的。因此，他原则上把双簧管的使用局限在独奏或"强"力度的合奏中，但他再也不将其自动地设为管乐部分的第二高音声部了。《罗恩格林》的那句话的前面部分是他对长笛的声音和双簧管的声音的双重批判的最终结论，它用单簧管来复制高声部的长笛的旋律以及由长笛奏出的第二高音声部。这种复制并不只是用来强调，就像贝多芬那里用弱力度的声音复制弦乐那样。相反，它的作用是改变音色。长笛和单簧管的齐奏组合产生了漂浮、摇曳的声学"节拍"。在其中，每个特殊乐器的声音都失去了，它们再也无法单独拎出来，最终的声音让我们搞不清楚它是怎么生成的。这样一来就类似于管风琴的声音。但是，与此同时，作为瓦格纳的管弦乐作曲法的二重性的症候，这种对象化过程的优点在于总体有了更多的灵活性。复制导致了各个乐器的特殊音色的缺失，对此的补偿是作为一个总体的管弦乐队的平滑整合成为可能。无疑，自身的个性特征更加不能保持了，然而假如各部分的、主观的演奏者的表演被吸收进了总体效果，那么总体效果也就成为作曲家所要求的"表现"的一种心甘情愿的中介。物化得越多，主体性就越多：这句认识论的格言也适用于管弦乐化。如果单簧管取消了长笛的古老的非理性，那么低音单簧管就支援了大管——木管家族的一个过时、退步的成员。此后，这一切都托付给了齐奏，或者预留给特殊的效果，例如米梅的三和弦。作为管乐齐奏的低音，第三大管得到了低音单簧管的复制；第一大管是在和第三长笛的合奏中得到复制的，它通常作为内部的踏板，其静态平衡显然是通过它有意为之的缺乏乐器特性来维持的。乐器的同时汇聚获得了一种平衡的音质，与之配合的是用一种乐器"残留"的技术而将"过渡"管弦乐化——这不仅提高了《特里斯坦与伊索尔德》中的精湛技巧的高度，也在勋伯格和（尤其是）阿尔班·贝尔格那里成为规则。《罗恩格林》时期的前导部分和后续部分之间的关系为此提供了具有启迪意义的基本范例。两者如此紧密交缠，以至于后续部分的开始——一组新乐器的进入：两把双簧管、英国管和迄今尚未启用的第二大管——和前导部分的结束同时发生。前导部分完全交给了长笛，并且在齐奏中得到了复制，直到齐奏的乐器——两把单簧管和第一大管——戛然而止。这么处理的效果是前面的声音的"残留"进入了新的声音，没有任何缝隙。前面的声音的不太显著的部分、没有独立存在的部分成了这种残留。这得到了乐段动力学的强化，因为长笛在弱声中淡出，而新的乐器组合同时进入了弱声。在乐器变换的这一瞬间，长笛完全与双簧管、英国管融合了，所以我们听到的根本不是什么"进入"，而仅仅是音色的变化。这样一来，前导部分和后续部分就一起被黏合在过渡中了，过渡很轻微，仅仅是旋律的小三和弦，后续部分在这里加入到前导部分，尽管仍然可区分。于是管弦乐化就成了作曲法的统一特征。无论如何改头换面，前导部分和后续部分的关系基本上就是合奏与独奏的关系。前导部分做出了一个恳求的姿态，后续部分在接受的音调中撤回到了自身。前导部分中既有渐强也有渐弱，后续部分只有渐弱。如果仅仅把这一关系的表现托付给演奏的动力学，那它就会消失，因为所有音乐在剧院中都不可避免地被粗糙化了。它作为乐器本身的效果就起作用了。由于复制，前导部分具有了合奏的效果，它由 8 种乐器来演奏，而后续部分起初只是拿 4 种乐器来凑合。但瓦格纳还得寸进尺。先导后续关系的形式意义通过乐器音色的选择而体现出来。双簧管的单一音色取代了长笛和单簧管的"节拍"。在某种意义上，它站在长笛和单簧管中间：长笛有古代的田园牧歌性质，单簧管的音色则受到质疑。双簧管并不拥有长笛那种摇曳的孤独，但是也不像单簧管那样爱群居，它的田园性质是一种有待释放出来的天真无邪。因此，本身性质暧昧不清的双簧管注定要成为前面的暧昧的"节拍"的继承人，这样才不显得突兀。作为音乐也好，姿态也好，整个乐句构成了一个整体，由于涉及大的时间间隔，瓦格纳只能最大限度地节约使用强烈的乐器对比。因此长笛的和声用来做黏合剂。与此同时，双簧管有独奏的效果，只因为它未被复制。其音色被后续部分的谦卑姿态占用了，瓦格纳的舞台说明谈及该姿态。随着音色的最小变化以及严格禁止一切外在的对比，合奏对独奏的前导后续关系能够以最经济的方式确立自身：也就是从长笛和单簧管变成双簧管。管弦乐化为前导和后续的纯粹对称关系增添了新的维度，并使得这8小节的乐句脱离了框架结构。形式的潜在意图被管弦乐化出来了。假如没有管弦乐化的帮助，瓦格纳就不得不给乐句的组成部分以过多的压力了。管弦乐化的作用是整个作曲经济学合乎逻辑的结果。

　　长笛和单簧管的齐奏组合让听众听不出声音是如何产生的，它们各自的特征被模糊了，它们消失在一种有魅力的声音中，那声音似乎与任何乐器组合都无关。这一现象就触及了瓦格纳的管弦乐化的基本特征。该特征最清楚不过地体现在他对铜管乐器的运用上。铜管号在瓦格纳的管弦乐队的核心地位是由理查·施特劳斯指出的。作为鼓号齐鸣中的主要元素，它在贝多芬之前就长盛不衰，一直被用作姿态的乐器。在瓦格纳那里，铜管被设定为一种表现功能，与管弦乐队的伴奏宣叙调的姿态平行。随着局限在全音阶上的自然号被能够演奏半音阶的活塞号取代，这一功能变化变得明显了。虽然活塞号是在瓦格纳的童年时期发明出来的，但他显然很不情愿引进它。在《特里斯坦与伊索尔德》乐谱的某个附注中，瓦格纳写道："毋庸置疑，活塞的引进让这一乐器如虎添翼，很难对这一改善不理不睬，即使这有损于音调的优美，特别是让它失去了平滑连接音符的能力。从这一巨大损失的角度看，想要保留号的真正品质的作曲者就会避免使用活塞号，既然经验告诉我们这并非事实，那么谨慎地把控乐器的杰出艺术家们能够不露痕迹地消除上面提到的缺点，使得音符和连接上的区别几乎无法察觉。"这段话证实了纽曼的评论：瓦格纳总是非常感性地谈论纯音乐的事宜，只有在超出他自己的经验范围、超出他所憎恶的分工划定的限制的时候，他才变得不负责任。他的浪漫主义观点并没有妨碍他看到，威胁到"真正品质"的理性化过程也释放出一种力量——自觉的人的力量——以弥补这些"缺点"。他的立场远远高于理性化后期所谓"内容的丧失"的说法，那一说法否定了理性化的全过程，它对理性化的拒斥只会让管理者更容易操纵对象。而瓦格纳像政治经济学的批判家一样，完全清楚为了进步不得不付出的代价是什么。先后听过自然号和活塞号的人不会去问，上哪儿才能找到他所悼念的那些铜管号的"真正品质"的缺失。它就徘徊在音符吹奏出来的方式中。只要你还能听见号吹奏出来的音符，它就仍然"听起来像号"：它的来源以及吹错音符的风险，有助于形成声音的品质。在活塞号中消失了的，正是这一痕迹。瓦格纳的号经常被比作钢琴踏板。我们无须在这里争论李斯特的钢琴风格和瓦格纳的管弦乐风格哪个更高明。在钢琴上，踩下踏板的音符和没有踩下踏板的音符之间的区别在于前者将它被生产出来的痕迹消除了——在木槌敲击琴弦的刹那，可以听见那一痕迹。号的情形与之类似，活塞的使用让声音区别于直接生成的乐器本身的声音。瓦格纳的管弦乐队具有不同程度的直接性，可要感谢那些号。当许多乐器同时发声，它们并非同等地"在那里"，这并不仅仅指突出的主声部和腼腆的次声部的对比。事实上，在瓦格纳那里，基本的乐器部分都能很完美地听见，但它们似乎仍然在作曲的表面下潜行，好像是梦中的几个不同层级的直接性。经常被掩盖的、不显山露水的活塞号的音调注定要成为这种助奏部分。它从生产方式中解放了出来，从而可以承担管弦乐"黏合剂"这一任务，甚至比柔和的单簧管更胜任。它在"品质"上的缺失使它更接近于其他乐器的音色，而那些乐器也就更靠近了号并彼此靠近。

瓦格纳的管弦乐队的目标是建立一个音色的连续体，因此它就开启了统治着我们时代的生产的两个极端的那种倾向。一方面，在勋伯格学派那里，乐器变为可互换的，失去了它们原生的特殊性。另一方面，如阿尔班·贝尔格所言，配乐者必须像木匠那样操作，确保他的桌子没有钉子头露出来，也闻不到胶水的气味，因此爵士乐就让减弱了的单簧管听起来像萨克斯管（反之亦然），就连喃喃低唱的歌手和用扩音器的歌手听起来也没什么不同。在"所有可能的音色的连续体"这一观念下，总的趋势走向了彻底的乃至机械的形式。当然，瓦格纳把技术的趋势解释为一个自然的事件。他用乐器"家族"的概念取代了管弦乐队的单个乐器，比如单簧管或大号，就进入了他想象中的亲戚关系。瓦格纳的管弦乐化概念当中的确有些东西和人体的概念不可分：他的某些戏剧人物似乎是有血有肉的管弦乐器。比方说，很容易想象的是，孔德丽的性格对比来源于她的主题让人想起的单簧管的记录，即使只是偶尔用单簧管奏出她的主题。但是，对音色的创造性想象力的发现也对作曲造成了负面影响。瓦格纳用来养育（如果不是"造出"的话）本质的表象也就是作品呈现给世界的那一面，换言之，表象是"效果"。不仅表象成了本质，本质也不可避免地成为表象。不同要素的整合，付出的代价是作曲的完整性。瓦格纳如怪癖一般地阻止清晰可辨的纯乐器的声音，他复制着乐器——齐奏中的复制是瓦格纳的混合音色的元现象。但是这样的复制将某种表面的、虚假的和矫饰的东西带入了管弦乐，它破坏了作曲和管弦乐声音的统一，尽管它的初衷是在管弦乐化中获得这种统一。即使是在瓦格纳那里，更不要提新德国乐派了，也有过度管弦乐化的倾向，倾向于让事件承载的东西多于它们在音乐中的实际存在。这有时导致了音色和结构的明显分歧，尤其是在他运用"填充的声音"时。造成了这些后果的是混合乐器的倾向，是在作曲结构的声音中获得无缝的再现的倾向，但倾向并不等同于这些后果，而是设定了一种假的自律性，它对和声来说太过于明确，对于对位法来说又太难以捉摸。因此，《帕西法尔》的管弦乐化的备受赞誉的"简朴"不仅仅是反动的，也不仅仅是虚假的虔诚——跟《特里斯坦与伊索尔德》《纽伦堡的名歌手》《尼伯龙根的指环》相比；事实上，它是对瓦格纳特色的管弦乐化风格中的装饰成分的正确批评。因此它不仅包含了笃信宗教的铜管唱诗班，也包含了声音的某些凄凉的苦行，后者在马勒最后的作品和维也纳乐派的作品中才占据主导地位。在艺术中，禁欲的理想是辩证的。今天，在事实的装扮下，它主要为蒙昧主义的事业效劳，助长了对幸福的仇恨——无论是感性的还是理智的。另一面则是它颠覆了审美表象。通过清除审美形式中的虚幻圆满，通过让艺术自身的否定性能够表现"现实性与可能性之间的矛盾"，它有助于兑现艺术的承诺。

瓦格纳的管弦乐化的成就不仅限于管乐器。施特劳斯谈到瓦格纳在"火的音乐"中对弦乐的开放式处理，其中的形象再也不能由一把小提琴即时演奏出来，而是"回响"在合奏中，因为在那里，独奏的不足消失了。弦乐的集体用法为瓦格纳在管乐组合中的革新提供了榜样。他并不是第一个突出这种用法的人。在此之前，古典管弦乐队就获得了它的综合性，通过牺牲弦乐演奏者的个体自发性而获得了对总体过程的把握，于是我们往往把这设想为声音的自然形式。在瓦格纳那里，通过打压其中包含的有限的成就，这成为无限性的一种隐喻，而它的普遍人性的概念抹去了活劳动的踪迹、单个人的踪迹。或许，瓦格纳传统的作曲家厌恶管弦乐队中的单个乐器声音的怪癖正是对这一记忆的恐惧，是对总体性本身隐含的不公不义的痕迹的恐惧。施莱克尔在 1919 年的《破晓》杂志上发表的一篇文章中再也清楚不过地暴露了这一怪癖："最有破坏力的一个例子，是钢片琴迫使我注意到它……我拒绝……它那太明显的、可分辨的声音……我在歌剧中只认一种乐器：管弦乐队自身。"[1] 近年来对管弦乐化的时髦追求虽然公正地对待一切手头的材料，避免混合，避免结构性误导的组合，但它并不打算克服这一怪癖，而是在忠诚的旗号下将其掩盖。然而其总体效果已经低于管弦乐化的水平。尽管这种抗议不无合理性，但它迅速沦为伪善的市侩习气，诅咒着几乎胜利的管弦乐化艺术的失败。艺术家的耳朵正确地反叛了弱的弦乐部分——弱得能听见单个小提琴的声音。通过将个别的弓法协调地中和于齐奏中，管弦乐队能够显示出超越的距离。

　　瓦格纳的管弦乐队理论的关键之处，也就是它将上述倾向提高到原则高度这一点，可以从其史前史中得到更好的理解。在这方面，弦乐的集体用法也许还不如管乐对弦乐的复制来得重要，而减弱的复制已经起着连接的作用。这样的复制无疑早就存在于古老的低音连奏之中，在那里，它们的任务是把不同的乐器连接起来，构成和声的统一性。在海顿和莫扎特那里，重要的不只是多样的统一，而且是统一中的多样。从那时起，不同乐器（如小提琴和长笛，或大提琴和大管）演奏同样的东西这个事实就在总体的组织中有了全新的意义。传统的解释认为相连的声音和曼海姆乐派的"渐强的连续"有关，这是不确切的，因为莫扎特的风格完全不是连续性的，而是把单子式的单元挨个放置，用老式的高度技巧风格的弦乐部分和管乐部分的对比来调和它们。不过，莫扎特的确支持特定的复制，无论是齐奏还是八度音程。这意味着单一乐器的纯粹声音、单个小提琴的弓法、单只号的

---

[1] Franz Schreker, *Meine musikdramatische Idee*, reprinted in H.H. Stuckenschmidt, *Neue Musik*, Berlin, 1951, p.357.

气息是无法忍受的，因为它违背了乐队综合性的原则，正如资产阶级个人的个别利益和社会的总体利益那样发生了冲突。管弦乐队声音的"主体化"，亦即把乐器的任性的身体转变为作曲家的驯服的调色板，同时也是一种"去主体化"，因为它倾向于让人听不出任何可以联想到单一声音来源的蛛丝马迹。如果这一原则是随着弦乐的集体用法而首次确立起来的，并且在瓦格纳之前没有走到和管乐部分混合的那一步，那么其原因在于硬邦邦的管乐声音并不像弦乐那样携带着主体生产的标记。小提琴的灵性、似精神性被认定为笛卡尔时代最伟大的创新之一，不是没有道理的。瓦格纳的管弦乐化中的微言大义代表了物化在乐器实践中的胜利。声音的直接的主体生产对审美总体性的贡献被取代了，让位于作曲家可以取得的客观的声音。瓦格纳作品的历史，尤其是其音色的历史，是逃离平庸的历史，作曲家希望通过这一逃离来摆脱歌剧这种商品的市场需求。然而悖谬的是，这一逃离只让他越发深陷入商品之中。统辖其管弦乐队的观念，即"消除了生产痕迹的声音"这一概念，成了绝对；它和他的艺术设法防止的平庸声音一样无法摆脱商品的玷污。叔本华对人类生活的评语也适用于瓦格纳的声音，它在瓦格纳的作品中占据着同样的位置："可以肯定，人类生活像所有的劣质品那样覆盖着虚假的光彩：受苦受难的人总是隐瞒自己。"① 哪怕在它表现苦难时也是如此。

　　音乐这种资产阶级的艺术还年轻，但管弦乐化让它长出了新枝丫。不过它生来并非现成的，不是像雅典从宙斯的头脑中生成那样，而是以缩短的方式重复了整个音乐史。资产阶级实践的老元素再次浮出了表面。任何能够完全理解海顿为何用减弱了的长笛去复制小提琴

---

① Arthur Schopenhauer, *Sämtliche Werke* (Grossherzog Wilhelm Ernst Ausgabe), Vol. I, *Die Welt als Wille und Vorstellung* I, Leipzig, n.d., p.431.

的人也都明白为什么人类在几千年前放弃了吃生食而开始烤面包，为什么人要打磨他们的工具。艺术作品的存在离不开社会中的劳动分工，体力劳动和脑力劳动的分离。但与此同时，它们的存在也有着自身的根源；其中介并非纯粹的精神，而是进入了现实的精神，正因为这样的运动，它能够保持已经被分离开的统一性。这一矛盾迫使艺术作品让我们忘记它们是制造出来的。这一声称隐含在它们的存在之中，因此，"存在有意义"这一声称越有说服力，它们包含的东西就越不会让我们想到它们是被制造出来的，亦即它们的存在有赖于外在于它们的东西——精神生产过程。如果艺术失去了打破这一幻象的良知，就偷偷地破坏了让艺术兴盛的唯一要素。说的就是瓦格纳：他失去了他的良知，但他的艺术拒绝放弃它本身是存在的一部分这一声称。结果他越是被迫夸大这一声称，并过分强调其作品的自然性，审美的自然性就越是让位于反思和人为。在这方面，瓦格纳的作品接近于19世纪的消费商品，它们没有别的野心，只想掩盖自己身上一切劳动的印记，也许是因为这样的印记会让人强烈地想到无偿占有别人的劳动，那种依然感觉得到的不公平。所有自律艺术的矛盾是掩盖凝结于其中的劳动，而在发达资本主义中，随着交换价值的全面统治以及该统治带来的矛盾，自律艺术既是有争议的，同时又是有计划性的。这是对瓦格纳在心理学意义上的"虚假性"的客观解释。把艺术作品变成魔法的对象，意味着人崇拜他们自己的劳动，因为人不能辨认出那是他自己的劳动。这使得瓦格纳的作品成为纯粹的表象——绝对直接性的、空间的现象。他的晚期作品才开始质疑古典美学，而当他这么做的时候，他证明了其虚假性，尽管是不自觉的。因为艺术作品的观看者被怂恿采取消极被动的立场，放下劳动的重负，于是他就成为艺术效果的纯粹客体，就看不出包含在作品中的劳动。艺术作品赞同了通常为意识形态否认的观点：劳动是卑贱的。劳动概念是瓦格纳公开免除了艺术家的义务的一个概念："除了他的活动的目的，艺术家对活动本身感到愉悦，在操纵和塑造他的材料中感到愉悦；他的生产活动对他来说是一种愉快的、得到满足的活动，而不是劳动。"[①]但是，这同样标志着：艺术作品与其自身的生产的社会性分离也是衡量其内在进步的标准，衡量它对自身的艺术材料的掌握的标准。发达资本主义的所有艺术悖论——它的存在本身就是一个悖论——最终达到了一个最高的悖论：由于它的物化，它讲述着人；只有通过将其幻象性推向极致，它才能分有真理。

---

① Carl F. Glasenapp and Heinrich von Stein, *Wagner-Lexikon*, Stuttgart, 1883, p.30.

6. 幻　境

通过产品的外在表象来产生"掩蔽"——那就是统辖着理查·瓦格纳的作品的形式法则。产品本身呈现为自我生产的：因此，半音阶和导音的优先性也显得如此。由于看不到任何基础的力量或者生产的条件，这一外在的表象就能够要求被承认为一种存在。它的完美化同时也是幻象的完美化，这个幻象就是：艺术作品是自成一类的现实，是从绝对的领域生成自身的，然而却不因此放弃它反映世界的权利。瓦格纳的歌剧倾向于魔法的欺骗幻觉，即叔本华所说的"无价值的商品的外部"，简言之，幻境。这是和声和乐器的声音在他的音乐中的优先性的基础。一而再再而三出现的大幻境在他的作品中占据了中心位置，所有运动的根源都在这里。它们是用声音的中介来定义的："令人惊奇地，从远方，美妙的音调回响着。"这说的是《汤豪舍》的维纳斯堡——幻境中的幻境。新德国乐派一直忠实于"遥远的声音"这个概念，把它当作听觉的幻觉的来源，直到它随着施莱克尔解体。在其中，音乐暂停了，变得有距离，远方和近处被欺骗性地混合在一起，就好比令人欣慰的海市蜃楼带来了城市和商旅并不遥远的幻象，使得社会的原型如魔法一般地植根于自然。维纳斯堡的音乐的幻境性质可以从技术上加以分析。其特色的声音是用弱化的手法创造出来的。占主导的是减弱了的"强"力度声音，远方的响声的形象。演奏它的是轻的木管乐器。首先是短笛，最古老的管弦乐器（没有之一），几乎没有受到乐器技术进步的任何影响。它是音乐的仙境，类似于年轻的门德尔松创造出来的那种仙境，也是年长的瓦格纳珍爱的仙境。出现在汤豪舍面前的维纳斯堡是缩小了的。它让人想起塔纳格拉剧院的哈哈镜效应，这在游乐场和郊区的酒馆里也能看到。汤豪舍把异教的史前史的远方中的狂欢反映为他自己的身体的梦幻舞台。标出和声的前进的低音乐器缺失了，从而音乐也失去了时间性。音乐的缩小形式在这种音乐上打下了不可挽回地失去了的远古的烙印。在序曲的维纳斯堡部分里，当大提琴和低音部分随着逐渐徐缓的音乐进入B调时，它标注的是做梦者意识到他自己的身体的时刻，从而延长了他的睡眠。通过消除低音来弱化声音的技术也在《罗恩格林》的某一段落中传达了幻境的特征，虽然没有《汤豪舍》里头那么明显，但是也决定了整部作品的性质。开启所有行动的，是艾尔莎的头脑中出现的骑士景象。她对骑士的描述类似于仙王奥伯龙：内心的罗恩格林是个小的童话王子。"身披闪亮铠甲的骑士走近了，比我曾见到过的更高尚和纯洁。腰上别着金号角，斜挎着宝剑。这位尊敬的骑士是天堂赐予我的。"（第一幕，第2场）这里出现的低音音符再次给了缥缈天国的乐器，比如低音单簧管或竖琴。低音单簧管的声音格外透明，从未降低到中央C下面的降E之下。在音乐中，代表上述文本中的号角的是一个减弱的音阶，用小号"非常轻"地演奏出来。在"穿着高雅"一词时进入的低音相当于《汤豪舍》里的低音进入，作用是把似乎着了魔地飘浮在空中的音乐和做梦的女子的身体联系起来。

"他给了我安慰"——安慰来自海市蜃楼。让人欣慰的幻境是圣杯本身的幻境，艾尔莎所见的景象包含着和圣杯主题有关的动机，无独有偶，作为圣杯的寓言式再现的《罗恩格林》序幕中也包含着同样的技术特征。和声缺乏任何真正的前进，这是时间静止的幻境标志。

汤豪舍在维纳斯堡说:"我在这里和你一起,不记得日子,不知季节交替——我不再看见烈日,天上的灿烂星光也变得陌生——春天的翠绿多么甜美,象征着大地万象更新。"(第一幕,第 2 场)在对淳朴的原始时代的记忆中,时间的静止就这样和幻境对自然的彻底掩蔽携起手来:在原始时代,只有星星才说明了时间。时间是被幻境——永恒性的幻象——模糊了的一个极其重要的生产要素。当一天像一个月,一个月像一天,岁月就消失为瞬间,幻境对此的补偿是反过来把瞬间呈现为持续的。《漂泊的荷兰人》就是这样。歌剧开始的构思是只有一个男演员,其根据在森塔之歌中。即使作为完整的作品,它也可以还原为从他的画像底下出现(几乎可以说,从画中走出)的那个瞬间,也就是森塔站着凝视他的眼睛的那个瞬间:森塔的脑中幻化出了他,就像艾尔莎幻化出骑士那样。整部歌剧无非就是这个瞬间在时间中的展开,而在那些苍白无力的段落中,尤其是在埃里克这种戏剧主人公的情形中,展开所要求的努力太过于外露了。后来的作品在把幻境诉说为真正的戏剧方面取得了更大的成功。在《帕西法尔》中,幻境转向了神圣的王国,尽管如此,它仍然保留了巫术魔法的要素。在通往圣杯的路上,发生了如下对话(第一幕,第 1 场):

> 古内曼兹:我认为,我很了解你:
>
> > 没有陆路通往它,
> >
> > 没有人找得到它,
> >
> > 拯救把他带到那里的圣杯。
>
> 帕西法尔:我几乎没有动,
>
> > 我似乎到了很远的地方。
>
> 古内曼兹:你看,我的孩子,时间

在这里变成了空间。

　　一旦进入了本质的天国，人物就立刻丢弃了他们在时间中的经验存在。如果说，瓦格纳在他最后的几年里同轮回转世的概念调情的话，那么并不需要把这归结为叔本华青睐的佛教给的刺激。幻境已经足以让异教的神维纳斯移民到基督教时代，她就像孔德丽那样重生了。克林莎在蓝光中睡着的时候幻化出了孔德丽："你是希罗底——旁边是什么？冈德丽姬娅在那儿，孔德丽在这儿！"（第二幕）就连《尼伯龙根的指环》也证明了类似的意图，布伦希尔德对齐格弗里德的爱最终被证明是原始的，爱的是他的形象而不是他的经验自我："在你出生之前，我就养育了你温柔的存在；甚至在你出生之前，我的盾就保护着你：我爱你太久了，齐格弗里德！"（《齐格弗里德》第三幕，第3场）瓦格纳的人物之所以能够成为普遍性的象征，唯一的原因就是他们像迷雾一样消失于幻境中。

　　在突然降临的魔火的幻境中，布伦希尔德也远离了时间，像孔德丽一样睡着了。魔火幻境是《尼伯龙根的指环》的主导幻境，就音乐而言，众神的黄昏的景象最终来源于此。当它的生产的面貌完全被弦乐部分掩蔽时，在和声上，它的前进则最巧妙地成为一种休息状态。不变的和声变换不仅产生了新的前进，与此同时，通过不同调性的变换表面，有系统的调制使音乐围绕着基本和声跳圆圈舞，而基本和声在任何时刻都保持不变，这就像永恒摇曳着的一团篝火，从未离开原地。作为火的隐喻，《女武神》最终的60小节让我们能够洞察幻境的性质。瓦格纳的后继者称之为魔幻，然而这只有在剧场幻象的贬义上才成立。这一系列戏剧的要素首先是由《漂泊的荷兰人》图解说明的，随后是女武神骑行中的暴风雨，在那里，寓言不再仅仅是氛围背景，实际上进入了行动。最后一个阶段是《帕西法尔》中的神圣星期五的音乐，奇迹不过是"在晨曦中闪光的森林和草地"。作为自然现象的光感动了他们，感染了他们，成为专属于露珠和眼泪的那一和解的表达。但瓦格纳的幻境通常是远离了这种纯朴表象的世界。人们会认为其起源是早期浪漫主义音乐的魔幻程式，源自门德尔松的《仲夏夜之梦》的音乐，源自《欧丽安特》的幽灵段落、《奥伯龙》的音乐景象，尤其是源自舒伯特的冥国第二主题。无疑，浪漫主义的遗产出现在了《汤豪舍》序曲的醒和梦的音乐二元对立中，比如，朝圣者的队伍消失，却只唤起了维纳斯堡，仿佛是在梦中。

然而，瓦格纳式的幻境的特殊性质只有在它伴随着浪漫主义的魔幻音乐的时候才能被发现。保罗·贝克尔有个极为重要的看法，他认为瓦格纳和先前的浪漫主义的区别在于他的音乐不再包含"现实的精神"。"他将奇迹置于人的灵魂之中，就把艺术上的真理赋予了人，并强化了传奇和童话的世界，使之成为'非现实的绝对现实'的幻象。"① 如果我们抛开可疑的"艺术上的真理"概念不谈，并丢掉和瓦格纳无关的内在化这个范畴，作为"非现实的绝对现实"的幻象概念就变得重要了。它概括了幻境的非浪漫主义方面：在幻境中，审美表象成了商品特性的一个功能。作为商品，它供应的是幻象。"非现实的绝对现实"不过是某种现象的现实，这一现象就是：不但持续不断地扔掉它自身在人类劳动中的起源，而且拼命强调它的使用价值，强调这是它真正的现实，强调它"绝非模仿"——这种强调与劳动过程不可分离，并受到交换价值的制约，是为了促进交换价值的大计。在瓦格纳的时代，展示的消费品用它们现象的一面诱惑着大众消费者，

---

① *Wagner, Das Leben im Werke*, p.128.

让大众看不到它们只不过是现象，看不到它们其实是望梅止渴、遥不可及。与此相似，在幻境中，瓦格纳的歌剧趋于成为商品。它们的场面具有展销商品的特性。当大火灾爆发时，《汉斯·海令》①的浪漫主义小火苗就变成了未来的熠熠生辉的广告的原型。沃坦的口号——"害怕我的矛头的人，将永远穿不过火！"（《女武神》第三幕，第3场）——很容易被添油加醋地用来赞扬某种设备，该设备能够让小心谨慎而又坚决果断的顾客穿过火。瓦格纳的幻境属于最早一批获准进入伟大艺术的"技术的奇迹"，而沃坦不仅是自我否定的生存意志的隐喻，也是自然世界的可靠代言人，那个世界被完美地复制了，也完全被控制了。幻境风格使得位于浪漫主义死亡和现实主义诞生之间的那一时刻成为不朽。它的奇迹就像物化社会的日常现实一样密不透风，从而接过了浪漫主义曾经托付给超验领域的魔法力量。可是，在它们的魔法中，它们又同时起着商品的功能，满足着文化市场的需求。维纳斯堡——在《特里斯坦与伊索尔德》的高潮中变得完美，在《帕西法尔》的鲜花少女景象中再度让人想起，尽管只是苍白的回声——源自芭蕾舞的常见的戏剧要求。这些场景是瓦格纳的作品中仅有的直接受商品生产的条件影响的场景，然而正是在这些场景中，音乐最关注的是用消极、幻想的存在来掩盖其生产。在梦被抬高到最高点时，商品离手头最近。梦的幻境不仅是潜在购买者的愿望的虚假实现，更主要的是掩盖了形成它的劳动。它用主体自身的劳动产物来面对主体，从而反映了主体性，但是这种方式就使得凝结于其中的劳动再也得不到证明。做梦者无能地遭遇了他自身的形象，仿佛那是一个

---

①《汉斯·海令》（Hans Heiling）是亨利希·马施纳（Heinrich Marschner）的歌剧，爱德华·德福里昂（Eduard Devrient）写的剧本最初是写给门德尔松的。汉斯·海令是地下世界的王，追求一位凡间的姑娘未果。——译者注

奇迹，并且被固定在他自身的劳动的不可避免的循环中，似乎它将永远持续。他遗忘了他生产出来的客体，那客体就在他眼前像魔法一样晃荡，仿佛它是绝对客观的显现。

幻境被梦的逻辑统辖，它服从着它自身的辩证法。这一辩证法在《汤豪舍》中充分展开了。随着他说的第一句话，魅力被看穿为一场梦："够了，够了！我现在要醒了！"（第一幕，第2场）行动的主要推动力就隐藏在那句"够了！"之中。像被压迫的牺牲者一样，汤豪舍并不等于他自己对幸福的欲求。自由的理想本身却被用来证明他的禁欲主义转向的合理性："为了大地，为了我渴望的大地，我在软锁链中蒙羞地燃烧着，我不赢得自由毋宁死，为了自由我能舍弃一切。"（同上）对维纳斯的费尔巴哈式的幸福允诺，汤豪舍回答道："你不再是爱情的懦弱牺牲品，只跟爱情女神和谐欢乐！"他的愿望是把欢乐幸福的形象从维纳斯堡带走，带着它重归大地：他离开维纳斯，是瓦格纳作品里真正政治性的时刻之一。但值得注意的是，这一离开的含义是暧昧含混的。因为忠于维纳斯并不是对幸福的承诺，而只是对幸福的幻境的承诺。当他离去时，他发誓："为了斗争和荣耀，我出发了；无论生还是死，无论乐还是哀！"（同上）但是，结果表明，他信守的是他的另外一个诺言："只要我一息尚存，我的竖琴就只会赞美你。"（同上）他的背叛不在于他回到了骑士那里，而在于他的思想仍然执迷于他的梦，他幼稚地对他们唱起了赞美维纳斯的圣歌——这一颂歌再次让他受到世俗的谴责，上一次谴责曾让他逃到了幻境里。然而他的爆发不过是假装：他从维纳斯堡来到了歌咏比赛，从梦走向歌曲，当初使他叛逆的东西留下的唯一痕迹是美丽的牧羊人之歌，牧羊人欢呼自然本身（在梦和奴役之外）的丰饶，而对着了魔的汤豪舍来说，自然的力量不过是奴役。为维纳斯声辩的不仅是汤豪舍背信弃义的赞美，还有以下词句："霍尔达夫人从深山里走出来了……"（第一幕，第3场）被社会决定的，亦即不自由的快乐体验把力比多转化为疾病，于是我们看到，随着"够了！"的叫喊，汤豪舍是如何意识到他自己在维纳斯的国度里的快乐是一种软弱。作为疾病的快乐体验弥漫于瓦格纳的所有作品。那些拒绝放弃自我的人——汤豪舍、特里斯坦、安福塔斯——都"病了"。在汤豪舍到罗马的朝圣之旅的故事里，我们听见了具有最强大的力量的伴奏音乐，在瓦格纳的作品中，这一音乐的力量仅仅在特里斯坦的诅咒中才被超越："然后我靠近了，我往地上看，我悲叹起来，绝望撕碎了我的心，我说出了我的灵魂压抑了什么样的狂热欲望，什么样的不可救药的渴望。"（第三幕，第3场）这里的观念混淆了疾病和欲望，它误以为生命的力量只有靠压抑生命才能维系下去。在瓦格纳的戏剧中，欲望下降到了漫画的水平：膨胀的苍白形象似乎是对男高音的阉割歌手一般的体形的完美补充。在资产阶级的教育过程很熟悉的一种退化中——精神分析称之为"梅毒恐惧症"——性和性病变成了一码事。并非偶然，瓦格纳反对活体解剖实验的理由之一是这样获得的知识会导致治病成为一种"恶"。快乐变成了疾病，这是幻境的威吓职能。如果瓦格纳的两大幻境（维纳斯堡和克林莎的魔幻花园）都让人联想到梦乡的妓院，那么这些地方同时也是没人能够毫发无损地离开的地方。无疑，要让我们与鲜花少女（《帕西法尔》第二幕）和解，需要瓦格纳拿出所有深刻的独创性来，因为他从一开始就指责她们是"无价值的女妖"[①]。可以注意到，很少在瓦格纳之后的作品中作为独奏乐器出现的长笛响彻了维纳斯堡。它们也是诋毁快乐的幻境的牺牲品，因为它们本来的功能是再现快乐。尼采很明白这一点："当我为音乐的命运而痛苦的时候，我是在为什

---

① Kurt Hildebrandt, *Wagner und Nietzsche*, p.377.

么而痛苦呢？是以下事实让我痛苦：音乐已经被剥夺了它美化和肯定世界的能力，它是堕落的音乐，而不再是狄奥尼索斯的长笛。"①瓦格纳的笛子是哈姆林镇的穿彩衣的吹笛人（诱拐孩子的人）的笛子；于是它立刻成了禁忌。

　　幻境诅咒并驱除了它所展示的快乐，于是它从一开始就携带着自我毁灭的种子。幻灭居于幻象之中。在瓦格纳的作品中，这一现象有个隐藏得很深的模板：《堂吉诃德》，瓦格纳十分推崇的一本书。《纽伦堡的名歌手》第二幕中的幻境将主人公置于同风车战斗的位置上。瓦尔特·施托尔青想要重建古老的封建制的直接性，反对被行会奉为神圣的资产阶级分工，他在资产阶级的现实面前就可能成为滑稽可笑的人物：在资产阶级的现实中，封建世界就在他的眼前变成了神话。当守夜人呐喊时，"他手持宝剑，怒目圆睁"，资产阶级的爱娃教导他说："爱人啊，且息怒！不过是守夜人的号角罢了。"（第二幕，第5场）贝克梅瑟的场景和争吵的场景是日常现实范围内的再现，只有瓦尔特这样的堂吉诃德式人物才会觉得它们不可思议或神秘可怕。然而，资产阶级世界从它自身的内部产生了若干要素，在客观上认定了浪漫主义的抗议主观创造出来的梦想世界是虚假的。想要从行会师傅那里逃到消失的城堡世界、宫廷和吟游歌曲里去的单子和行会师傅们的资产阶级世界之间出现了前定的和谐，行会师傅们戴着过去了的时代的假面具，因为他们在现代并不觉得舒服。既然行会再也不理解彼此的观点，而彼此控诉着大家都有的不忠诚，那么在街头争吵中就擦出了史前的无政府状态的火花，尽管只是政治行动的可怜替代品。无独有偶，《纽伦堡的名歌手》试图戏仿的瓦特堡歌咏比赛也是如此。资产阶级的革新和复古的退化在幻境中相遇了，骑士的梦得到了客观

① Kurt Hildebrandt, *Wagner und Nietzsche*, p.442.

证实。第三幕的幻境的幽灵性得到了萨克斯的确证，由此达到了梦的最终根据："小妖精来帮忙啊！萤火虫找不到同伴，行动有困难。"（第三幕，第 1 场）第二幕的梦被萨克斯解释为压抑的结果，而萤火虫是自然本身的中国灯笼：幻境形成于现代性（在其自身的限度以内）的最新产物接近于古代的那个时刻。前进的每一步同时也是走向最遥远的过去的一步。当资产阶级社会前进时，它发现它需要幻象的伪装才能维持下去。只有伪装好了，它才冒险去直面新事物。那句老话，"听起来很老，却如此新鲜"，正是社会转折关头的密码。慷慨的波格纳说起他自己时说上帝让他成为一个有钱人，当他想要突破狭隘的小资产阶级的界限，想要证明他不贪财不小气的时候，他唯一可用的手段是神秘的歌咏大赛的闹剧。资产阶级贫乏的想象世界制造了它自身在幻境中的形象，瓦格纳的作品为这一形象服务，正如这一形象为资产阶级服务。作为纯朴的资产阶级世界的蓝图，《纽伦堡的名歌手》因此成了他的核心产品："我最早是在纽伦堡构思《纽伦堡的名歌手》的，在其完成和制作过程中，控制我的念头是为德国公众提供关于他们的真正本性的形象，之前它已经被糟蹋得不成样子了。我怀抱着这样的希望：从更高贵、更坚定的德国市民阶级那里赢得衷心的致敬。"[1] 然而，这样的致敬既表达了对梦的感谢，也表达了对梦的毁灭的感激之情。瓦格纳出于自由的缘故而采取的禁欲主义立场最终成了自由的敌人。他诉诸处女玛丽，从而破坏了美的形象，该形象承诺的绝不只是属于过去的理想。当圣矛在帕西法尔的头上如幻境一般地盘旋时，他用咒语跟它联起手来："让它毁掉这骗人的繁华！彻底破败！"（第二幕）这是青年时代曾经捣毁难以忘记的妓院的那个造反者的咒语。

---

[1] *Richard Wagner's Prose Works*, Vol.6, p.114.

7. "乐　剧"

幻境世界的欢庆并不是瓦格纳美学的全部。幻境也好，它消解的韵律也好，两者都必须在大型史诗艺术作品中得到表述。由此产生的总体结构就是"综合艺术作品"——或者用瓦格纳爱用的表述，"未来的戏剧"——在其中，诗歌、音乐、戏剧是统一的。尽管他的意图是以一种无所不包的亲和力的名义抹去将个别艺术分开的边界，尽管综合美学的经验是浪漫主义的拱心石之一，综合艺术作品实际上和五十年前的浪漫主义理论无关。对审美的可替换性的寻找，对一种完美的技巧的追求——它完美得不仅能够掩盖最终的人工制品的所有缝隙，甚至能够模糊它与自然本身的差别——其前提条件是与一切自然事物的彻底疏远，但是它将自身确立为统一的"第二自然"的企图却反其道而行之，试图掩盖一切自然的东西。令人惊讶的是，瓦格纳本人在讨论综合艺术作品的统一性时意识到了隐藏在幻境中的掩盖要素。他是在着手描绘作品的"诗学目标"时意识到这一点的："这一表现必须在其各个要素中均包含诗歌的目标，即使各要素——从情感到智慧——都在掩盖那一目标：即实现它。即使对文字-语调-言说来说，如果不能和同时存在的语调—言说的第二器官联合，诗学目标的这一彻底的遮蔽也是不可能的；凡是在文字-语调-言说（诗学目标的最直接的栖息地，为了保持它而接触日常生活的情绪）被迫削弱它自身的表现之处，它只能用几乎透明的语调面纱来遮蔽那一目标，这个第二器官能够维持情感表现的平衡。"[1]

为了诗学生产的目标（也就是说，它的理论根据），为了歌剧和戏剧永不疲倦地呼唤的"和日常生活的联系"[2]（源头活水）而去掩盖其生产过程——这一掩盖被瓦格纳亲自插入了定义幻境的构型中。"第二言说器官"只能是管弦乐队，瓦格纳的幻境的媒介。管弦乐队获得的"音色的解放"增强了幻觉要素，因为它把重点从本质（音乐事件本身）转移到了现象上，亦即声音。各种革新，比如说，创造出管弦音色构成的音乐空间，都必须付出"及时的清晰表述"的代价才能够获得，而且有利于令人眩晕的当下。最终，这一幻觉的呈现从埋葬瓦格纳作曲中的构成主义要素中获得了最多的好处。随着诗学目标的掩盖，综合艺术作品为绝对现象的理想而奋斗，在它之前，幻境已经撩人地追逐过这一理想了："于是我们指出艺术形式的最完美的统一是这样的，在其中，人类生活现象的最广泛的接合——作为内容——能够在完全可理解的表现中交付给情感，以至于这一内容的各个要素都彻底搅动了情感，也完美满足了情感。内容就因此成了必须始终出现在表现中的内容，而表现也就成了全面呈现内容的表现；不在场只能通过思想来把握，在场却只能通过情感来把握。"[3]

这种"纯粹情感"的伤感美学在 19 世纪的资产阶级听来似乎是可信的，在他们的耳朵里，早在赫尔曼·科亨为之命名以前，它就是不言而喻的了。但它似是而非，并未正确对待音乐。音乐只能在当下现身为最强烈的"记忆和期盼"之努力的结果。这一努力是真正的主题音乐的任务，瓦格纳的音乐却通过充满寓言意义的动机这一形式，

---

[1] *Richard Wagner's Prose Works*, Vol. II, pp.344–345.

[2] *Richard Wagner's Prose Works*, Vol. II, p.338.

[3] *Richard Wagner's Prose Works*, Vol. II, pp.348–349.

用超音乐的记忆术的把戏回避了上述任务。这一美学理论与实践的最内在的缺陷在于如下事实：拟物的马赛克或碎片状的元素并不能完整地描绘出来，它们实在过于强大，无法被审美总体吸收。结果它们反而被否定了，被偷偷带走了。在场的永恒过程是音乐想要获得的，于是它在诗歌上花工夫，代价却是音乐的时间。这一过程的目标是消解诗歌的顽固的似物性并使之复活，捎带着消解商品世界在艺术中的反射，并将其改造纯粹的主体现实性的明亮显现。"科学向我们揭示了言说的有机体，然而它给我们看的是死的有机体，只有诗人的终极愿望才能使之复活。治愈言说的身体被解剖刀割伤的那些伤口，给它灌注一口生气，它就能活跃起来。这一口生气正是——音乐。"① 叫音乐做的事情无非是语言的历史延长线，仍然以指意作用为基础，并用它取代了表现性。瓦格纳是第一个将艺术的不平衡发展（即艺术的非理性）插入到理性规划的框架中去的人，尽管只是审美的框架（至少一开始如此）。正如最近一篇论电影美学的著作所指出的，"适应资产阶级的理性秩序，最终适应高度工业化的时代，是由眼睛完成的。眼睛已经习惯于把现实感知为客体对象的现实，基本上就是商品的现实。这一适应并不是同时由耳朵完成的。和观看相比，听觉是古代的，因而滞后于技术。可以说，用没有自我意识的耳朵而不是用敏捷的、评价的眼睛做反应，是和发达工业时代相矛盾的……眼睛总是奋斗、工作、聚精会神的器官，它用毫不含糊的方式理解事物。相反，耳朵是分神的、被动的。不像眼睛，它无须张开。和眼睛相比，它有点困倦和惰性。但是这一困倦也重合于社会对一切懒惰的禁忌。

---

① *Richard Wagner's Prose Works*, Vol.2, p.265.

音乐始终是战胜这一禁忌的策略"①。现在，困倦已经受控于心理技术了。但是，瓦格纳凭借他自己的才华的锋芒和可怕需要，第一个发现了这种可以运用的效应。瓦格纳从叔本华那里学到了无意识，对他来说，无意识已经成了意识形态：音乐的任务是温暖人与人之间的异化了的、物化了的关系，让它们听起来仍然是人性的。技术上对意识的敌意恰恰是"乐剧"的基础。它结合了各种艺术，为的是酿造醉人的酒。瓦格纳的语言，唯心主义和欲望的综合，用两性交合的隐喻表述了它："必要的给予、种子只有在最热情的爱的传播中才能从它最高贵的力量中凝结而成——这一有生殖力的种子是诗学的目标，它赋予光荣、亲爱的女人亦即音乐以生育的材料。"瓦格纳的实践热情地坚持他的隐喻。不但"乐剧"的高潮是狂喜段落（如伊索尔德的最后一首歌、《齐格弗里德》结尾齐格弗里德和布伦希尔德的场景或《众神的黄昏》中布伦希尔德的悲叹），"乐剧"这一形式本身的杂乱无章也无时无刻不诱使人陶醉，它是一种"无限退化"的形式。《众神的黄昏》没完没了地将其听众引向一次大航海的行程，似乎想用音乐淹没整个世界，即使它实际上几乎没有把大块的材料融合进抒情诗，它也做出了补偿：它用波浪淹没了坚硬、顽固不化的诗句。在晚期瓦格纳那里，非但不同艺术门类的界限被模糊了，就连作品也似乎彼此相撞了。他是一位寓言家的事实不仅表现在"一切都能够意味着其他任何东西"的方法上。形式和象征交缠在一起，最终萨克斯成了马克，圣杯成了尼伯龙人的财宝，而尼伯龙人成了维伯龙人。"乐剧"的基本理念并不体现在音乐中，反而体现在某种心理的逃避中，体现在抛弃一切明确、毫不含糊的东西上，体现在否定一切具有个人印记的东

---

① 这里，阿多尔诺没有注明出处，他实际上在引用自己的著作。参见 Adorno & Hanns Eisler, *Komposition fur den Film*, Munich, 1969, p.41, 43。——德文版编辑注

西上。

这一基本理念是总体性的理念：《尼伯龙根的指环》只不过试图并不太麻烦地将世界进程封装为一个总体。瓦格纳对一切孤立、有限和自为存在的事物很不耐烦，对他的幻境音乐手法所依赖的一切很不耐烦，这种不耐烦是对艺术的资产阶级化的抗议，后者只满足于冷酷的自我保存的隐喻。瓦格纳用来模糊一切分界线的方法，他的主题和他的作品的宏大规模，是和他创造“宏大风格”的渴望不可分的，这一渴望早就内居于指挥家的大师姿态中了。瓦格纳的总体性是类型艺术的敌人。和波德莱尔一样，他对资产阶级的发达资本主义的解读从毕德麦雅的毁灭中察觉到若干反资产阶级的、英雄的讯息。他憎恶最终起决定作用的社会风格强加给艺术的牺牲——牺牲是为了让艺术能够在个人主义时代继续存在下去，并且深深地渗透到掌管社会运动的规律之中，深到足以让人感到选择原理的无效性是以对他们的不屑一顾为基础的。他反抗一种虚假的安全，而在没有看到任何别的可能性的情况下，他出去寻找危险的生活。他和尼采以及后来的新艺术运动（他在很多方面是其先声）一样，宁可施一个魔咒，单枪匹马地要求审美总体性的存在，却执拗地毫不关心审美总体性的存在所必需的社会条件尚不存在。

很可能是这样，除了技术的艺术作品概念，瓦格纳的作品也标志着“风格意志”的引进。他抗议那种客观精神的狭隘性，也就是说，社会的和美学的主题都缩减为私人的个人维度。然而，他本人的出发点本身只是美学的，仍然有赖于个人的收听习惯，以其为基础才能建立他自己的习惯，有赖于他希望能以社会总体的名义获得的那种超越性。因此，瓦格纳的总体性，即综合艺术作品，是注定要失败的。要掩饰这一点，瓦格纳就不得不让所有不同的元素都彼此相遇。作为风格的"乐剧"越是失败，它就越是追求风格化。总体不再有统一性，因为按照事先安排好的设计，其各个表现要素之间彼此是和谐的，可能是一种约定俗成的自然性。相反，现在彼此隔绝，在任何意义上都不可调和的各门艺术在单个艺术家的武断命令下结合在一起。内在逻辑的形式前提让位于无缝的外在原则，在其中，离散的处理手法只是简单地聚集起来，显得似乎有集体的约束。风格的统一性被私人的个人特性篡夺了，更是被瓦格纳想象的观众篡夺了。风格成了他所谓的总体性罗列的全部刺激物的总和。他处置的感知世界将自身呈现为一个意义的连贯总体，呈现为生命的丰富性：这就是瓦格纳风格的虚假性。因为在个人的资产阶级生存的偶然经验中，分离的感觉并不联合起来建立某种总体性，建立一个统一、有保证的本质世界。事实上，这样一种感性经验的统一性是否存在过，是要打个问号的，而瓦格纳的幻灭精神正依赖于它。反过来，具有不同历史的各种感觉最终彼此分开了，对立了，这是不断物化的现实的产物，也是分工的结果。因为这不仅将人与人彼此分离开来，也把每个人同他自己分离开来。因此，"乐剧"不能把有意义的功能托付给不同的艺术。因此，它的形式是虚假的同一性的形式。音乐、场景和文字的综合只是在作者将其视为"一起实现同一目标的手段"这个意义上才成其为综合，而作者位置的天方夜谭性质从"诗人作曲家"这个词里就可见一斑。但是他只有通过暴力强制才能做到所谓综合，于是他扭曲了总体，总体最终成了同语反复，成了永恒的多元决定论。音乐重复着文字已经说过的话，它越是冲到前面就越肤浅——和它想要表现的意义相比。结果这反而影响了音乐的整体性。让各门艺术互相适应的尝试破坏了作曲结构的完整性。朗诵唱是瓦格纳用来保证那一完整性的手段。他的想法是，一种拟自然的声调将使音乐与语言和谐，而不会伤害彼此。但是这带来的结果是歌唱的声音——亦即音乐行动的可感知载体，对歌剧的注意力的一般对象——被迫与实际的音乐内容分开。除了少数段落中承认了音乐形式的主导地位，歌唱的声音基本上都和音乐的生命及其逻辑完全分开：唱一个动机就和自然语调的要求相矛盾，就远离了正常的说话音调的抑扬顿挫。在瓦格纳的音乐中，最重要的两个成分——歌唱和管弦乐——必然是分开的。歌曲，两者的最大的中介，不再涉及最重要的部分（主题结构），除非是在抽象、非中介的意义上，也就是说歌唱的声音伴随着管弦乐的和声。为了产生所有这些艺术的综合，最关键的部分（音乐）的内在连贯性被置之不理。

自从宣叙调出现以来，音乐对语言的虚假适应就不可阻挡地前进。音乐的解放也要拜宣叙调所赐。但是，一旦音乐成为语言的附庸，并顺从而盲目地跟随语言流动的曲线，就表现出它消极的一面。与此同时，音乐成了舞台上的脚注，因为作者有了立场，并且借着"乐剧"起初设想的"内在形式"的名义违背了那一理想。这就解释了电影竭力暗示的间歇和延宕效果。说出来的文字，还有一只眼睛盯着音乐，往往夸大了事物；瓦格纳的戏剧性和诗歌的目的是不可分开的，诗歌总是不得不走向极端，才能跟上音乐的步伐。就音乐本身而言，由于其额外的解释功能，它发现自己彻底失去了成为没有任何意义的语言，成为纯粹的声音的那种力量；那种力量使音乐和人类的符号语言反差明显，音乐的丰富人性之所以可能，也全靠这一反差。最终，舞台被迫和管弦乐中发生的一切携手前进。歌手幼稚的动作姿态——歌剧看起来往往像是忘了很久的动作的博物馆——是他们要适应音乐的流动导致的。歌手像音乐，然而是假的；他们成了漫画像，因为每套动作都有效地模仿了指挥的那些动作。不同艺术越是靠近，越是轻率地相似，"乐剧"越是接近于它们根本的差异，它们彼此就越分裂。先前的歌剧被瓦格纳谴责为缺乏审美统一性，理由是未能整合不同的艺术，然而它们至少在一个方面要比瓦格纳的歌剧强：它们寻求的统一性并非艺术的彼此相似性，而是遵循各自领域的规律。莫扎特的统一性是结构的统一性，不是同一性。而在瓦格纳那里，激进的整合过程（它勤奋地吸引着大家的注意）不过是根本性的四分五裂的伪装。可感知的世界，在他的作品里被设定为本质的再现，因为孤立的个人能够信任的唯一事物就是他的感官能够确定把握的总体性；然而，这一世界没有任何现实性。将其绑在一起的不过是每个人的偶然存在。作为篡夺了必然的存在状况的一个纯粹偶然的存在，综合艺术作品不可避免地失败了。因为在发达的资产阶级文明中，每个感官都理解了一个不同的世界（如果并非不同的时间），所以"乐剧"的风格不可能信任任何单一的感觉，而必须把一种感觉变成另一种感觉，这样才能产生它们所缺乏的和谐。但是，只要还用不同的感官来做意识的判断，这就是不可能的。只有当感官抵抗将它们区分开来的任何权威时，只有当感官退化为某种古代的混杂物时，这种做法才能奏效。在综合艺术作品中，陶醉、狂喜是不可须臾离开的风格法则。任何一点点反思的要素都足以粉碎其完美统一的幻象。

无论如何，综合艺术作品的情绪刺激不仅直接针对着毕德麦雅时期的调和的类型音乐，也针对着瓦格纳本人所处的工业时代的艺术形式。在工业时代，毕德麦雅的类型要素已经变成了消费品。对于正在逃离陈腐的这位不满意的审美家而言，众神、英雄们和纵横四海的戏剧行动坚持着救赎的承诺。早先的浪漫主义并不太需要这样宏大的形象，因为它无须面对商品化的威胁——最终，商品化甚至玷污了瓦格纳自己的英雄榜样。在他争取感觉总体性的努力中，他从"解放耳朵"的绝对命令开始，如他所说，耳朵"没有孩子"。在这么做的时候，他抨击了"将听觉贬低为打包的工业品的顺从搬运工"的态度。不过，启发了"乐剧"的总体性概念不能容忍与日常生活的单纯对立。它知道有很重要的理由不得不跟存在合作，这跟艺术家同时要逃避日常世界的理由一样充分。也就是说，和陈腐世界的瓜葛就像逃离它一样，也是总体的。在《特里斯坦与伊索尔德》中，陈腐的世界并不限于"行动"愿意和黑夜王国交换的"白天"。行动的高潮是死亡的决定。求死意志让人想起有限的个人的存在基础，而他们无限的渴望注定要在有限的世界中受尽痛苦折磨。然而，尽管这一决定意味着不仅将个人从白天中"救赎"出来，也将他们从个体化中救赎出来，表达这一决定的形象本身却是陈腐的。音乐的形象世界被设定为孤立单子的形而上学反题，但它却源自它所否定的那一社会。将自身呈现为纯粹的个人主义的矫正物的东西，结果变成了赞同的音乐语言；选择了黑夜的个人，不自觉地将自己出卖给了现存秩序。任何一个没有偏见的人在第一次听《特里斯坦与伊索尔德》中的狂喜的"决定去死的动机"时，都无法摆脱嬉皮笑脸的印象。从个人的视角看，本质、普遍性只能引发一种恶的普遍性。为了从它设法消灭的个体性之外证明死亡的正确，《特里斯坦与伊索尔德》的形而上学心理学模式被迫将死亡和欢乐画上等号。但事实上，欢乐的形象陷入了日常。它成了想要它的个人的热忱，个人在那一意愿中参与了生活，从而宣布了自己对生活的恭顺。随之而来的是，瓦格纳的死亡形而上学赞颂了欢乐的不可企及性：自贝多芬以来，所有伟大的音乐概莫能外。一条不可阻挡的规律使得悲剧性的决定反转为"世界值多少钱？"的姿态，使得狂喜的"殉情"反转为独唱者的热门金曲。作曲家忠于单子似的个人，并从单子个人的视角作曲，然而单子个人并非社会的绝对反题：他的存在的性质遵循着社会自身的法则。社会造成的孤独命运，表现自我的无情冲动，其实跟粗鄙的自我保存和自吹自擂的要素是一丘之貉。在瓦格纳的生涯中，在他明显与他自己的计划相矛盾之处，诸如"火的音乐"和沃坦的告别、女武神的骑行、殉情、欢乐星期五音乐等等打星号的地方，都脱离了自身的语境，被重新编曲并变得流行。这一事实并不是跟"乐剧"无关的，"乐剧"机智地计算了这些段落在总体经济学中的位置。分解为片段，说明了总体的碎片性。

这一碎片化的原因就在浪漫主义要素和现实主义要素的冲突之中。内在连贯、自我展开的总体性概念，体现在感性知觉中的总体性概念，是大形而上学体系晚开的花。这些体系的主要目标被费尔巴哈打破了，却在审美形式的王国中找到了避难所（瓦格纳很熟悉费尔巴哈的著作）。瓦格纳说他读完叔本华之后并没有"受到他的影响"，而仅仅觉得确证了自己，这话不假。无论如何，从形而上学到美学的转换在《作为意志和表象的世界》第3卷中有论述。在叔本华那里，转换以实证主义为条件，他明确指出要否定自然王国的"意义"，因为自然受盲目的意志的摆布。无独有偶，在瓦格纳那里，他的技法中隐含的形而上学和"世界的祛魅"紧密相连。"乐剧"的总体性是所有感官反应的集合，这一集合不仅以明确风格的缺席为基础，也以形而上学的解体为基础。与其说，综合艺术作品的目标是表现形而上学，不如说是要创造出这样一种形而上学。完全世俗的景象却立志要从自身中孕育出一个神圣的领域。就此而言，《帕西法尔》不过是把全体作品的倾向自觉表露出来。综合艺术作品的欺骗性就来自这个事实。艺术作品不再符合黑格尔的定义，即艺术是理念的感性显现。相反，感性被编排得似乎主宰了理念。这是瓦格纳的寓言要素的真正基础：通过回忆召唤本质。技术上的陶醉产生于恐惧，对迫在眉睫的清醒的恐惧。于是我们看到，歌剧的演进——特别是艺术家的自律的自主权的出现——同文化工业的起源搞到了一块儿。尼采在他的青春热情中未能识破未来的艺术，我们却从中见证了电影从音乐精神中的诞生。对于这一关系，我们有瓦格纳的密友圈子给出的真凭实据。1890年3月23日，也就是说在电影发明之前很久，张伯伦写信给柯西玛，谈论李斯特的《但丁交响曲》，这封信代表了总的倾向："在黑暗的房间里，凹陷的乐池中的管弦乐队演奏这一交响曲，在背景上显示活动的图像——你将看到，所有那些列维们和今天所有冷酷的街坊们（他们冷酷无情的天性让可怜的心非常痛苦）统统陷入了狂喜。"没有比这更好的证据了，它有力地证明了大众文化并不是从外部强加给艺术的。真相是，多亏了艺术自身的解放，它才变成了它的反面。

整个"乐剧"概念的缺陷最明显不过地体现在它最接近它自身的基础的地方：体现在对生产过程的掩盖上，体现在瓦格纳对分工（文化工业的基础）的敌意上。无论是在理论中还是在其作品的意识形态中，瓦格纳都拒斥分工，他的话让人想起"私人利益要服从公共利益"的纳粹话语。在贝克梅瑟和米梅等反犹主义的漫画像中，管弦乐效果和戏剧效果的专家瓦格纳将他们俩描绘为专家。他们的滑稽之处在于他们太专业了，结果反而无法完成专业领域内的任务。贝克梅瑟，行会的标记，头脑里装满了作曲规则，他既不理解获奖歌曲，也不能自己作曲。米梅呢，铁匠，太聪明了，却打造不出他自己需要的剑。瓦格纳在这两个人物身上倾泻了他对反思理性的蔑视。作为与之相对的理想，他树立了瓦尔特和齐格弗里德，他们代表了未分化的原始世界。这一世界是非理性的，正如瓦格纳计划中的综合艺术作品里的音乐的角色那样。瓦尔特指认自然是他的老师，也指认瓦尔特·冯·德·沃格尔维德（Walther von der Vogelweide, 1170—1230）

是自然的诗人——在他的诗歌里，就像他的时代那样，几乎完全看不到工业革命之后才得到认识的事物。瓦格纳的唯心主义使他毫无顾忌地自由对待事实，他急于让这些事实的灵韵为综合艺术作品效力。不过，纵然他唆使诗人、歌手和丑角的神秘统一性去反对分工，并假装综合艺术作品能够达到那种统一性，他的技术实际上强化了分工，而不是消除了分工。《纽伦堡的名歌手》的剧本意识到这一矛盾，就像黑格尔在要求对象化时一样。最后，"歌手"瓦尔特向"工匠"萨克斯屈服，学会了不"蔑视"专业行会。然而我们注意到，封建秩序和资产阶级秩序的这一和解等于是臣服于让容克地主感到害怕（不无道理）的那个自我同一的物化世界。除此之外，瓦格纳的进步仅限于他那自相矛盾的努力：要发现一种理性的方法来克服理性的误用造成的状况。瓦格纳的许多"爱文化、恨文明"的对手，包括希尔德布兰德在内，都批评他毫无保留地采纳了19世纪的技术成就，尽管他号称要跟技术作斗争。他们列举了拜罗伊特的"舞台机械"的罪过，而假如他们能读曲谱的话，无疑会得出更令人不安的结论。瓦格纳将个别艺术整合为综合艺术作品的意图，最终的结果是取得了音乐史上史无前例的分工。"伤口只能用刺伤的矛来治愈。"（《帕西法尔》，第三幕）——这恐怕是瓦格纳的作曲方式的格言。恰恰是宗教的《帕西法尔》利用了电影一般的场景切换技术作为这一辩证法的高潮：魔幻的艺术作品梦想着它的绝对反题，即机械的艺术作品。大作曲家的工作方法总是包含着技术合理性的要素。我们只需想起贝多芬曲谱手稿里的密码和缩写。瓦格纳的晚期作品大量采用了这一实践。在作曲的草稿和完成的曲谱之间插入了第三种形式：所谓的管弦乐草稿。这里，原来用铅笔写的草稿上覆盖满了墨水的书写——实际上，它被物化了。同时，彻底的管弦乐编曲法添加了进来，使得还在写《帕西法尔》的瓦格纳能够说：管弦乐草稿足以让其他任何一个人都能作出完成的曲谱。管弦乐草稿——现在叫作短曲谱——是和作曲草稿齐头并进的；它每隔一些日子就要赶上它的进度。这样一来，两种处理程序就完全分开了，从而防止了声音获得柏辽兹意义上的独立性。对声音的控制是为了把它留给进一步的作曲过程。另一方面，两个阶段之间的短暂间隔也就保持了对原始作曲过程所构思的管弦乐队音色的把握。这就带来了若干独创性的迹象，瓦格纳以此来组织分工。它涵盖了他的作曲的所有层面，并使其各个要素互相连接，从而封闭了一切缝隙，并产生出绝对连贯和直接性的印象。魔幻效果是和它企图清除的理性化生产过程密不可分的。

瓦格纳的分工是个人的分工。这带来了局限性，也许这正是不得不尽力否定它的原因。对"乐剧"的反对意见并不是说它违反了个别艺术的所谓"绝对自律"。那种自律其实是分工造成的科班拜物教。当瓦格纳用"真实"（亦即总体的、自由的人性）的名义反对它时，他提出了真正的人道主义的要求。然而，这一要求变成了它的反面，变成了陶醉和幻觉，而不是在自由的名义下对劳动过程实施理性控制。对这一始料未及的后果的解释是，综合艺术作品是以资产阶级的"个人"及其灵魂为基础的，但其起源和内容都根植于综合艺术作品所反抗的那种自我同一的异化。综合艺术作品不仅是由它诉求的总体性构成的，从它的前提和内容来看，它都属于个人。它提出了尖锐的主张，声称自己是总体性的化身。按照瓦格纳的理论，"天才"的关键角色属于诗人，他认为诗人比他自己的真正家乡——音乐——更优先。这恐怕是因为音乐专家瓦格纳并不信任音乐。无疑，他知道个人主义和综合艺术作品之间的令人痛苦的矛盾，但是他期望狂喜能够清除或改变它："现在，能够实现联手产生完美戏剧的思想的，并不是这两者；因为在商谈这一思想的时候，两者必然坦率地承认它在公共生活面前实现的不可能性，那样的承认将掐断它们在萌芽中的保证。只有孤立的人，在他的奋斗的最紧要关头，才能够把这一自我声明的苦楚转换为令人陶醉的欢乐，欢乐用酒鬼的勇气鼓舞他继续前进，承担起让不可能变得可能的任务；只有他，才被他无法抵抗的两种艺术力量推向前进——在这些力量的驱使下，他愿意牺牲自己。"[①]即使这些句子包含着真理，它们也不指向综合艺术作品，而指向了对它的批判性否定。瓦格纳谈及自我牺牲，这跟福楼拜的自我折磨的主题没什么关系，而是跟他自己坚信的"他的事业是无望的"有关。这一段话的宗旨不仅是个体化的狂喜式投降。个人在"乐剧"中抛弃的不是他自己，而是作品的连贯性。作为孤立的个人，废除分工实际上在他的能力范围之外，而他得到的一切都有赖于分工；他能做的只是暂时建立一种幻觉，亦即他消灭了分工的幻觉。但是这样一来，他就再好不过地把自己变成了"乐剧"的各个部门的专家，而每门艺术都要求各自的专家。艺术家穿着天鹅绒外套和帽子，摆出"大师"的姿态，似乎是精粹的艺术家，可是半业余的诗人从来不曾能够满足语言和舞台的要求——无论这两者看起来多么矛盾，它们其实是一码事。个人设想的那种生动的有机统一，在客观上其实不过是结块。技术的理性化——瓦格纳在他处理音乐素材时最接近于它——在别的地方都失败了。有效的综合艺术作品，即清除其虚假同一性的作品，要求的是专家规划者组成的一个集体。勋伯格作为剧场的作曲家，仍然天真地忠于瓦格纳的美学，一度构想了"作曲工作室"的乌托邦概念，在其中，每个人都在别人不得不放弃的地方把工作捡起来。然而，集体

---

① *Richard Wagner's Prose Works*, Vol.2, p.356.

劳动被瓦格纳排除了，不只是被19世纪中叶的社会状况排除的，而且被他的作品的内容彻底排除了——那是渴望、狂喜和救赎的形而上学。这就使得集体地组织综合艺术作品的唯一形式成为不可能——一种反剧场的形式。虚假同一性的原则不允许从彼此异化的诸艺术的矛盾中建构一种总体性。在资产阶级的歌剧历史上，证明着音乐的正当性的特征就在于它抗议着无声而无意义的命运之权力——在这方面，蒙特威尔第的悲叹的阿里阿德涅的抗议和《费德里奥》中传到地牢里的喇叭声同样有效。而在瓦格纳这里，音乐卖掉了它的抗议权。作为无法抗拒的因果链，它和他拥抱的哲学一样，仍然是决定论的，它走上了它的道路，似乎那是看不见的命运。在对瓦格纳更负责任的批评家看来，正是这一点走向了表象，包括纯形式的表象和对形式怀着深深敌意的表象。瓦格纳的"风格"本身，"乐剧"的形式的天衣无缝，恰恰是缺失。音乐不再拥有决定性的力量：在行动的语境中，它有着超越囚禁的能力。正因为如此，音乐降格为一种用毫不停息的热情和兴奋压倒听众的东西，让人喘不过气来。复制美学是对抗议的拙劣替代，是主观表现的单纯放大，它的热烈恰恰宣布了它的无效。然而，被瓦格纳的魔法破坏的各门艺术的规则嘲笑着统一，并强调它们的差异（这是作品无法达到的东西），这就算是复仇了。正因为"乐剧"拒绝为个别要素而解开织体，我们常常会找到乏味的主题内容超出音乐的过量剩余物，它要比传统的宣叙调更过分：宣叙调绝不会一开始就想把主题内容变成音乐。在音乐中，这一剩余物继续回荡在瓦格纳构想的动机网络中，从而否定了瓦格纳要求的"直接性"。任何没有意识到《众神的黄昏》末尾的救赎动机的人将会发现，那里的音乐像那里的诗歌一样不可理解。这是"乐剧"放弃了（以内在时间的结构化为基础的）纯音乐逻辑之后不得不付出的代价。出于非理性的缘故，它屈从于理性主义。为了打下反思和直接性之间的楔子，"乐剧"执行了对自身的判决。这类似于被瓦格纳的理论忽略的东西，也就是说，它把诗歌描述为对理性的关注，而音乐则是对情感的关注，并宣称综合艺术作品的任务是让二者联姻：这一区分就使得艺术屈从于陈词滥调，为的是更容易地让它们和谐。"乐剧"的创造性力量产生于总体人的梦想："正如只有人才能在完全的说服力中显示自身，立刻向我们的眼睛和耳朵宣告他自身：所以，'内在的人'的传信使者不能完全让我们的听觉信服，除非把这一听觉的说服力同样传递给眼睛和耳朵。"[①] 然而，综合艺术作品的设计和实践都被瓦格纳自己的批判观点谴责了："没有谁比我自己更了解，这一戏剧的实现依赖于意志以外的条件，不，这些条件甚至存在于单个人的能力之外，哪怕这个人的能力比我自己的能力无限大——它们只存在于集体之中，在使之成为可能的相互合作之中：而在目前，压倒一切的是这些因素的直接对立面。"[②]

[①] *Richard Wagner's Prose works*, Vol.2. pp.273–274.

[②] *Richard Wagner's Prose works*, Vol.2. p.356n.

8. 神　话

　　要用风格史的语言来表述"乐剧"的双重位置，我们就必须指出：它一方面是对立于浪漫主义歌剧（它被石化和缩减为一种类型）的另一极，另一方面也是对立于大歌剧（即关于阴谋的音乐剧）的另一极。一方面，它用人的重要性的名义禁止舞台上的超自然力量，或是将其还原为自然事件的隐喻。另一方面，它要求的"普遍的人道主义"消灭了魔法的反题，也就是消除任何实际的历史性。幻境的狂喜排除了歌剧对政治的任何关心。甚至在瓦格纳之前，迈耶贝尔就已经把政治主题缩减为纯粹的景观了，就像我们今天的文化工业提供给市场的彩色影片和名人传记里所做的那样。无疑，政治主题从瓦格纳本人的作品中的清除也是1848 年之后的资产阶级幻灭情绪所致，这种失望公开暴露在他个人的通信中。但没能逃过同时代人的眼睛的是，就连他在青年时代处理的历史题材也包含了反革命的潜在可能性，后来的作品只不过是那一可能性浮出表面。按照纽曼的说法，马尔克斯曾经反对《罗恩格林》说："这种戏就是未来的戏剧？……中世纪是我们的未来图景，是经久不衰的最终成果，是我们的希望之子？不可能！这些传奇和寓言故事只是早就死掉了的那些时代的回声，而那些时代和我们的精神格格不入。"[1] 可以设想，

---

[1] Ernest Newman, *The Life of Richard Wagner*, Vol.I, London, 1993, p.351.

瓦格纳记得青年德意志运动①的反浪漫主义，所以他对这些反对意见倍感焦虑，从而让自己远离歌剧的童话故事。但同样可以肯定的是，对于所有"日常生活"的谈论，他不能摆脱儿童时代对诗歌的刻板印象，所以他拒绝让具体社会条件的冷静事实去影响悲剧的魔咒。诗歌和音乐的同一性教条使他对一切抵抗这种同一性的东西、一切只能被理解为与音乐截然不同的东西都极为恐惧。《费德里奥》中的音乐与文字的交替要比"乐剧"来得更富有政治性。瓦格纳表明了他本人是彻头彻尾的资产阶级：他坚信诗歌的深度就意味着要忽略历史的具体性。他对普遍人性的想象要求他遮蔽一切在他看来是相对的、偶然的东西，以拥戴不变的人性概念。实际上的实体内容对他来说不过是残渣。因此他发现自己被还原为主题材料的一个层面，既不承认历史，也不承认超自然，甚至不承认自然，却高居于所有这些范畴之上。本质陷入了一种主宰一切的内在性，这种内在性受到象征的奴役。这个层面就是神话，在其中，一切均未分化。其标志是暧昧；它的黎明是一种永久不变的邀请，呼唤着不可调和之物的混合——实证主义和形而上学的合并：因为它坚定地既拒绝先验又拒绝事实。神和人在同一个舞台上表演。在《罗恩格林》之后，瓦格纳实际上在他的作品中取缔了真正的历史矛盾。《特里斯坦与伊索尔德》和《帕西法尔》的骑士世界只是为现实涂抹上一些情感的色彩，而那现实已经降格为时代的迷雾。《纽伦堡的名歌手》的例外恰恰证明了规则。神话般的"乐剧"同时是世俗的和魔幻的。这就是它解答幻境之谜的方式。

不过，诉诸神话固有的多重意义来论证这一混杂形式的企图是

---

① 和海涅有联系的自由主义激进作家的运动，包括古茨科夫（Gutzkow）、维恩巴克（Wienbarg）、劳伯（Laube）和蒙特（Mundt）等人。他们的著作在 1835 年被禁。——英译者注

有缺陷的。如果说，瓦格纳的不变人性的概念最终成为意识形态的幻象，那么那一幻象将被他的作品所坚持的神话的力量破除：事与愿违。驱使他走向神话的选择性亲和力破坏了他依然相信的人性：作为坚定的资产阶级，他对他自己的信念就在他眼前化为齑粉。无疑，他的无能在某种程度上得益于否定的真理，得益于对资产阶级秩序底下的"混乱"的清醒意识——然而他不可避免地被这一混乱吸引。这是瓦格纳退化的客观原因。纯粹的人最终成了（资产阶级最终产生出来的）野蛮人的理想投射，而他形而上学地欢庆自己是纯粹的人。无论瓦格纳的音乐是不是应当叫作心理学的音乐，他的文本显然不是心理学的，而仅仅在原始水平上重演了继续存在于心理学主体的想象中的那些遗迹。《尼伯龙根的指环》（其实包括全部成熟期作品在内）的剧作家不屑"发展"他的人物。瓦格纳倾向于外在化，也就是说，他总是把主体的活力置于可感知的动作和表面的效果之下，从而暴露了主体性本身的某些暂时性。人物的动机总是用近乎夸张的率直来表现。他们的行为以闪电一般的速度变化。他们几乎不保持自己的同一性，齐格弗里德甚至完全没有意识到他的同一性，我们可以从他经常用的非人称代词（而不是人称代词）中看到这一点——"有人说"。爱情只是一见钟情，却从来不是内心的沉静，这从《漂泊的荷兰人》就开始了，无论是齐格蒙德和齐格琳德，还是瓦尔特和爱娃，皆是如此。由于他的日耳曼民族主义理想，瓦格纳总是有一点乏味的庸人气息，所以他有着未受损坏的性观念。这也恰恰使他能够创作出动人的场景：布伦希尔德希望为她的爱人保留处子之身，然而却毫不克制地献身了（《齐格弗里德》，第三幕，第3场）。当然，她的爱后来同样迅速地变成了恨。没有任何反思能让她看出阴谋的布局，到头来，等齐格弗里德死了，她的恨又突然变回爱——这里，也并不设法解决情节的逻辑性问题。一旦古特鲁妮告诉她，是毒药让齐格弗里德忘记她的，她就立即变回来了。似乎瓦格纳已经预见了弗洛伊德的发现，古代人用暴力行动表达的东西已经在文明人身上不复存在，除非是以弱化的形式，作为仅仅在梦里、在疯癫中才像古代人那样表现出来的内在冲动。

然而，与此同时，瓦格纳对个人的内在生命的漠不关心显露出一种政治意识的迹象，也就是说，他知道个人是如何被物质现实决定的。和伟大的哲学家们一样，他不信任个人。他全神贯注于总体，这不仅仅是极权主义的或是行政管理的，它也指出了一个事实：世界是个普遍联系的系统，个人越是想残酷无情地夺取胜利，他就会越失败。改变世界的努力化为泡影，改变世界本身却成了有争议的问题。齐格弗里德没有受到俄狄浦斯情结的折磨，相反他砍断了沃坦的矛。如果在历史世界中，原始的冲突升华为梦，那么在《众神的黄昏》的阿尔贝里希和哈根的场景中，这一变换就在舞台上呈现为可见的了。这一具体的知觉代表着与内在性的冲突，就把神话的主题内容打上了历史的印记：其程度要高于瓦格纳的美学让我们认为的程度。神话和文化是前后相继的两个阶段，这样一来，文化的神话起源就变得可见了。作为剧作家，瓦格纳看到了神话和法律的联系。《尼伯龙根的指环》效法叔本华，强调这一"对比"，而在论无政府状态时已经断言过了。要结束所有人反对所有人的战争，只有通过从中产生的法律秩序才能够实现。如果没有明确的契约制度来阻止无政府状态，它就会不断地死灰复燃。沃坦随时准备付诸暴力行动，只要他没有被契约束缚。此外，这些对未启蒙的自然状态加以限制的契约，最终变成了剥夺他的活动自由的镣铐，从而助纣为虐，重建了混乱。在瓦格纳那里，法律就像无法律状态一样赤裸裸。《尼伯龙根的指环》的格言是阿那克西曼德的一句话，与瓦格纳异曲同工的语言神话学家海德格尔最近刚刚分析过的："凡是存在的事物有其起源之处，它们便必然灭亡，因为它们必须为自己的邪恶受到惩罚和定罪，这符合时间的秩序。"① 作为对无法律状态的惩罚，法律变得像无法律状态一般了，法成了无法，一种导致毁灭的秩序：这正是回荡在苏格拉底之前的思想中的神话性，而瓦格纳不仅拿它做主题材料，也在其最深远的美学效果中采纳了它。古代的命运观念统辖了综合艺术作品中的普遍内在性之网，密不透风的网；它也千方百计地为"过渡艺术"（作为普遍的中介）的观念所珍视的音乐原则奠定了基础。瓦格纳的音乐符合"张力与解决必须基本对应"这条法则，不容留下任何未被平衡、超然独立的东西：在他眼中，所有的音乐存在都是"为他的"存在，都在作曲过程中"社会化"了。无疑，资产阶级对协和音与不协和音的所有音乐处理都是以此为目的的，而在瓦格纳这里，张力与解决的对称法则成了他的技术宝典的一部分。勋伯格是第一个质疑该法则的作曲家，然而作为理论家，他也能够本着严格的瓦格纳精神，去发现实现该法则的真正程式。"每个加在开始音符后面的音符都让那个音符的意义变得可疑。比如，G 跟着 C，耳朵就不能确定这是 C 大调还是 G 大调，甚至是 F 大调或者 E 小调；附加别的音符，有可能澄清这个问题，也可能不会。这样就产生了一种不安的状态，整个作品的大部分都产生了不平衡，节奏的类似功能又增强了这种不平衡。在我看来，恢复平衡的方法是作曲的真正意念。"②

创造出那种平衡，也就打破了命运的平衡；发生的一切都撤销了，艺术中建立的法律秩序成了原始状态的恢复原状。勋伯格带着彻

---

① 阿多尔诺引用的阿那克西曼德的话是尼采翻译为德语的。——译者注

② Arnold Schoenberg, *Style and Idea*, New York, 1950, p.49.

底的连贯性，偶尔也带着对作曲过程的逻辑性的高度洞察，在另一段话里讲到了作曲最终必须履行的动机与和声的义务 ①。这就确立了交换对于艺术作品的组织性及内在进步的优先性：它成了社会总体中的交换过程的化身。随着这一回到神话的退化，资产阶级社会用瓦格纳的名字向自己致敬：音乐中所有的新事件都用来反对其先驱，通过不断地取消它们，新事物本身也不断被取消。要达到起源，就得清除总体。晚期资产阶级社会的实现过程具有这些无政府主义的特征，它把总体解码为史前的无政府状态。这一无政府状态仍然为资产阶级瓦格纳所否认，但是音乐家瓦格纳已经想要它了。如果说，在《尼伯龙根的指环》里，神话的暴力和合法的契约是混淆的，那么这不仅证实了关于合法性之起源的直觉，也说出了一个被契约和财产打着法律的名义来统治的社会对无法律状态的经验。对瓦格纳的美学批评认为他是一个冒犯了古代的现代人，一个亵渎了神话的世俗人：这两种批评都是合理的。但同样必须指出的是，退化的审美实践不仅仅是个人的选择或是心理学的偶然事件。他属于最早意识到问题的那一代人，也就是说，在一个完全彻底地社会化了的世界中，个人不可能改变那些决定了人的头脑的东西。然而，他还没有打算喊出君临一切的总体性的真正名字。于是，总体性在他那里转变为神话。社会过程的不透明性和无所不能被当作形而上学的神秘来欢庆，个人尽管意识到了这一神秘，却仍然站在它的统治力量一边。瓦格纳为永恒的灾难设计了庆典仪式。他那无拘无束的个人主义发出了对个人及其秩序的死刑判决。

当他寻找自己纠缠于世界之根据的原因时，达到了一种处于现在和神话之间的理解。瓦格纳没有把神话仅仅当作隐喻来用：在他的凝视下，一切都成了神话的，而这特别适用于他处理的唯一现代

---

① Arnold Schoenberg, *Style and Idea*, p.67.

题材。《纽伦堡的名歌手》跟通常用在绘画中的那一常规调情，根据那一常规，发生在遥远时空的事件可以和现代世界的居民们画在一起。来自纽伦堡的女人可以被派遣到约旦的施洗约翰身边（《纽伦堡的名歌手》，第三幕，第 1 场）。无尽的媚俗艺术传统间接地与这一瓦格纳的寓言化联系在一起。但这种时代错乱不仅仅是假装的天真和复古拼贴的快感。在那轻松的歌剧里，所有现代的元素都显得是一种回忆。甜蜜的怀旧中掺杂了熟悉事物的诱感、安全在家的承诺以及"我好像以前来过这里"的感觉，资产阶级的原型发现他们自身被赋予了过去了很久很久的东西的光环。最终，由于这一点，而不是因为其民族主义的自我崇拜和残忍的幽默感，作品愈发征服了它的观众。每个听众都觉得作品仅仅属于他自己，它是来自他早就忘记了的孩提时代的交流，而从这种共享的似曾相识中就建构起了集体的幻境。从这个女巫的厨房里蒸馏出来的氛围是无可抵抗的，因为它激起并满足了一股冲动，甚至将其意识形态合法化：成年人的生活只能艰辛地设法控制，而且不能完全成功。它放松了所有人的四肢，而不仅仅是萨克斯的；作曲家煽动了这一感觉，他演示了每个身在其中的人的正确反应。瓦格纳最神话的地方恰恰是在这种快感的现代性之中。他能够适应个性的最微妙的细微差别，但他这么做是为了让听众得到先于个人的那一状况的乱七八糟的祝福。那些华而不实的老生常谈给纽伦堡人的幸福允诺被呈现为一个神圣的理念王国。无论其中包含着怎样的真理，都从属于一个谎言。瓦格纳欺骗性地将德国的历史表现为德国的本质。这样一来，他就把绝对性赋予了"祖先"和"人民"之类的概念，而那种绝对性后来释放为绝对的恐怖之降临。这种被操纵的唤醒记忆正是启蒙的截然对立面。施皮茨维格[①]关于

[①] 卡尔·施皮茨维格（Carl Spitzweg, 1808—1885）擅长描绘奇特的人物，比如阁楼上的书虫或诗人。——英译者注

文化景观的诗学忍不住要嘲笑怪人和越轨者，瓦格纳同样把月夜和丁香（其浪漫主义的魅力直至 16 世纪才为人知晓）混同于施虐狂的野蛮。音乐的诙谐性质、维纳斯堡的音调使其听众不仅扔掉了他们的世俗现实，也扔掉了他们的人性，并放任他们的破坏冲动。随着恶魔式的享乐（与它自称的简单的好幽默不可分离），在第二幕结尾的争吵中感到快乐的剧院中人其实是为即将到来的暴力的小试牛刀而心满意足。

瓦格纳的所有二重性都来自他和古代形象的关系。他召唤过去的天赋追求着灵魂（乃至他们的现实模型）的屈折变化，并这样来说明他们的退化成分。不过，与此同时，他把自己托付给这一成分，似乎它是原初的真理，所以他也退化了。他在美学上预见到了随着弗洛伊德和荣格的分歧才得以明确的那一张力。他的"精神分析的"主题——乱伦、对父亲的恨、去势——已经被人广泛注意了，而萨克斯关于"真正的梦的解析"的格言① 似乎使艺术作品接近了将无意识变成意识的精神分析理想。在成为意识的过程中，瓦格纳的语言在《查拉图斯特拉如是说》之前 30 年就预示了尼采："降临吧，埃尔达，伟大的恐惧之母，伟大的忧伤之母！走吧，走向永恒的沉睡！"（《齐格弗里德》第三幕，第 2 场）本着同样的观点，齐格弗里德回答道："是勇敢，还是张狂——我怎么知道！"（《齐格弗里德》第二幕，第 2 场）无论如何，这一程式本身是神话的。包含在"勇敢和张狂"之内的挑战姿态颇似古代的权力，但"我怎么知道"带着永恒的空虚，就很容易再次屈服于权力。齐格弗里德并不仅仅是那个艰苦卓绝地努力把自己从无意识的自然状态中解放出来的个人。他其实已经是《帕西法尔》里头得到欢呼的傻瓜了，是"幼稚的英雄""白痴"：他不是通

---

① 《纽伦堡的名歌手》第三幕，第 2 场。"所有诗歌和韵文艺术，都不过是真正的梦的解析。"

过认识自身来克服恐惧，而只是通过"不知"恐惧为何物来克服，而当他从性经验中发现了恐惧，他就再一次忘记了。沃坦遣返埃尔达（恐惧之母）的一刻，她并未丧失权力，他也没有得到自由。相反，在命运三女神的场景中（《众神的黄昏》序幕），他又违背自己的意愿，屈从于她们的判决，而在命运之线突然断裂之时，命运女神又降临为伟大的母亲。意识唯一的功能是完成无意识的循环。宇宙论哲学家克拉格斯拒斥瓦格纳，但瓦格纳关于埃尔达的段落中包含的克拉格斯哲学要多于其中的精神分析。就连克拉格斯的认识论，用弥漫、漂浮的有机图像来反对有意识的思维，也能在《齐格弗里德》中找到其萌芽形式。埃尔达的沉睡被说成是"沉思"，而她说起她自己时："我的睡眠是梦，我的梦是沉思，我的沉思是智慧之神。"（《齐格弗里德》第三幕，第 1 场）和克拉格斯一样，大地被褫夺权利意味着形而上学的灾难："我醒来后便一直困惑：世界转得太快太歪！"（《齐格弗里德》第三幕，第 1 场）任何反抗盲目的命运的人都被谴责为邪恶的反精神者：世界的垂杨柳受了神的致命伤害，神用树木做成了长矛。瓦格纳开启了将叔本华的形而上学的"意志"概念改造为更可操控的集体无意识理论的进程。最终它变成了"人民的精神"，在其中，借自蛮横的个人的那种野蛮同被严格禁止思考任何对抗性社会的那群乌合之众结合为一种可爆炸物。瓦格纳的神话学变成威廉皇帝时代的图像学，是顺理成章的。皇帝的号角发出的信号是《尼伯龙根的指环》里的多奈（Donner）的动机的简化版。

不可能忽略瓦格纳的神话学同帝国的图像世界的关系，帝国的图像包括了它的折中主义建筑、假哥特式城堡以及新德国繁荣的咄咄逼人的梦想象征，从路德维希的巴伐利亚城堡到自称为"莱茵黄金"的柏林餐馆。但是，真实性的问题在这里也和其他任何地方一样无效。

作为发达资本主义的形式的压倒一切的权力，神话高居于集体意识之上，反过来，现代意识逃往的神话地带也携带着资本主义的标志：主观上是梦想中的梦想，客观上则是梦魇。就此而言，可以断定：那个图像世界的非真实方面，亦即后辈对神话的歪曲，让他们找到自己，反映自己的那些歪曲，其实也是它的真理。面对一个太不容易接近的物质世界笼罩在个人身上的阴影，个人感到了神话世界对他的亲和力。他与之共有的是陷入沉默的姿态。无论瓦格纳的修辞如何，甚至正是因为他的修辞，这一姿态实际上对他来说至关重要。纽曼指出了《尼伯龙根的指环》的诗歌同维舍尔的《歌剧指南》之间的类似之处。审美的哲学家假设了一部尼伯龙人的歌剧，认为尼伯龙人的神话（他用浪漫主义的方式将德国人的一切主要特性都赋予了它）反抗着说话的戏剧，因为其人物沉默寡言。音乐既保留了又克服了这种沉默寡言。如果我们认为《尼伯龙根的指环》是维舍尔的《指南》的完成——纽曼告诉我们，瓦格纳肯定很熟悉它 [1]——那么他所做的就不是打破神话的沉默，而是把音乐加入沉默。音乐在四部曲中的功能是"伴奏"，这不仅仅是一项风格的原则，它对戏剧人物也很重要。作为观念的表现，他们实际上过于空洞，没有什么要"表现"的，难怪瓦格纳的表现很节俭地从库存中拿出了典型人物的存货。作曲家免除了他的人物成为个体的必要性，具有自己的灵魂的必要性：他们不歌唱，而是背诵他们的角色。作为被世界精神之手用技术合理性的精神来摆布的木偶，它们在精神上接近于原初的《尼伯龙人之歌》中的那些客体取向的、主体贫乏的人物，在那里，叙述者的存在位于前台，人物仅仅是第二位的。表现与内在生命并不是有着同样羽毛的鸟，

---

[1] Ernest Newman, *The Life of Richard Wagner*, Vol.II, p.158, 170, 231etc.

有时候，自我设定、自我反思的表现似乎想要通过模仿来恢复某些已经失去的东西。瓦格纳的"充满感情地"（espressivo）让他的人物失去了某种东西，而他们本来就像电影银幕上的人物那样缺乏它。"诗人说话"是因为命运把他们吓哑了。音乐站在了高悬于无力者头上的命运一边，就否弃了它最深刻的批判，即它对神话的批判——而音乐的这一批判在整个资产阶级上升期，尤其是在歌剧这一形式发明之后，都是不言而喻的。音乐认同了神话，最终也就认同了其虚假。在瓦格纳的"乐剧"中，俄耳甫斯这样的人物是不可想象的，一如他的尼伯龙人故事里没有沃尔克的容身之地，尽管吟游诗人演奏小提琴以便让勃艮第人在最后一夜安眠的场景最适合音乐的诞生。歌剧的真正理念亦即力量，足以打开地下世界之门的慰藉，在这里丧失了。这样的慰藉要求音乐流中包含某些停顿，然而每当瓦格纳的形式感让他那样去写的时候（比如《纽伦堡的名歌手》第三幕的五重奏，从一个新的主题开始），他便江郎才尽了。在几个小节的温柔而明亮的美丽之后，乐段又回到了获奖歌曲的主题存货中。没有能力发展新概念，而仅仅是形式上完成了它：一种无能的姿态，尽管因此而更加动人了。否则音乐就仅仅跟随着行动，而从不超越它。"乐剧"其实根本不是歌剧；从歌剧本身存活下来的是永远属于它的神圣要素，即作为资产阶级自由的庆典，该要素在《费德里奥》中达到了高潮。舞台节庆和舞台献祭庆典之类的描写表明瓦格纳知道这一要素。"献祭"这一要素把歌剧里的所有张力都消除了。它们似乎是可重复的崇拜活动。它们沉浸于活动的纯粹内在流动，除掉了其他的一切，说白了，消除了自由。瓦格纳最神话、最异教徒的地方就是这一献祭，这是重获神秘戏剧之本质的徒劳尝试。从此之后，词和音乐对瓦格纳来说就有着相同的意义。维舍尔令人吃惊地将贝多芬排除在他的神话歌剧节目单之外，因为贝多芬"太交响乐了"。所有神话都被那个唱着"哦希望，不要让最后一点星光黯淡"①的人消灭了，事实上，贝多芬的每一个小节都超越了产生它并与它和解的那一自然秩序。同样，交响乐的形式，也就是勋伯格所称的"展开式变奏"，本身就是反神话的原则。而在瓦格纳这里，自然不是和解了的，而是被统治的，因此他的判决是终审判决。不管他的理论著作如何抗议，他的作品的内核就像他对动机的运用一样是"非交响乐的"：任何艺术内容的关键都在于其技术。音乐与其内容的关系的这一变化也格外尖锐地反映在瓦格纳的诗歌里，反映在它们和童话故事的关系中。这就滑向了神话。文本充满了童话的主题，就像是从一幅图画（《漂泊的荷兰人》）或一个故事（《罗恩格林》和《众神的黄昏》第一幕的齐格弗里德）里走出来的现实。这些事情在格林童话中可以找到，例如《强盗新郎》。要打破图像逻辑，不要求别的，仅仅要求中止神话。这样的冲动在《罗恩格林》中非常强烈，最终甚至打破了该戏剧的中心思想：作品在第一幕结尾就"完成"了，正如主人公在遇到森塔的那一瞬间就基本完成了。第二幕并非第一幕的幻境的逻辑接续，而是一种史诗的持续。成熟的瓦格纳基本上都在玩某种"史诗剧"。放弃音乐和神话之间的一切张力，意味着悲剧从一开始就被牺牲了。形式和行动的决定论所知道的矛盾冲突都只是幻象，是人物的误会造成的自我欺骗。正因为如此，音乐的流动可以吸收一切发生的事情。单个文本和音乐的组织在这方面是一致的。它们追求的目标是神话对童话的胜利。这从"不知道害怕的人"这个主题的历史中就能看出

---

① "哦希望，不要让黑暗绝望中的最后一点星光黯淡。"出自《费德里奥》第一幕中莱奥诺拉的咏叹调《恶棍！急着往哪里去？》（Abscheulicher! wo eilst du hin?）——英译者注

来。纽曼报告说①，瓦格纳在德累斯顿的革命岁月中曾想以格林童话
为基础写一部歌剧。然后他突然把童话故事的主人公等同于神话的齐
格弗里德②。童话要素为瓦格纳设置了一大障碍，首先就是在《尼伯龙
根的指环》的结构当中。《齐格弗里德》第一幕的三个版本都没有克
服它，而在最终版本的不连贯处仍然能够看到它卷土重来③。就戏剧
本身而言，这表现在齐格弗里德的无所畏惧的自发性上——这个不感
到害怕的人，令父亲的咒语和代代相传的自然秩序均无计可施。问题
在于这一大无畏精神同米梅的计划和计算是不可调和的。情节没办法
捋顺的是，米梅（命运的诡计的愚蠢工具）究竟利用的是齐格弗里德
的恐惧还是他的无畏。童话世界的先验寓意——用沃坦的话说，它是
"差异的"而不是永远同样的——拒绝被整合进自然秩序和社会秩序。
它们不能从某些盲点中偷运进来。一个例子是《齐格弗里德》的第
一幕，米梅那并不吓人的恐怖景象。童话退化为神话，就见证了未
能逃脱的瓦格纳留下的疤痕。

　　为了存在于不可追忆的年代的事物，瓦格纳的作品牺牲了童话，
这就让它自身被资产阶级意识形态占有。神话成了神话化：仅仅存在
着的事物的权力成为其自身的合法性证明。资产阶级意识形态和神话
的这一联系在《罗恩格林》中看得最清楚，在那里建构了一个不受任
何世俗阻碍、神圣不可侵犯的领域，这直接等于对资产阶级格局的美
化。本着意识形态的真正精神，女性在婚姻中的隶属状态被粉饰为谦
卑，是纯粹的爱情的成就。男性的职业生涯必然是女性无法理解的，
因为女性被排斥在外，于是它成了一个神圣的神秘王国。天鹅骑士授

---

① Ernest Newman, *The Life of Richard Wagner*, Vol.Ⅱ, p.337n.

② Ernest Newman, *The Life of Richard Wagner*, Vol.Ⅱ, p.337n.

③ Ernest Newman, *The Life of Richard Wagner*, Vol.Ⅱ, pp.35–36.

予荣誉，而丈夫仅仅支付金钱。更早一些的荷兰人是个好例子。女性的受虐狂像魔法一般地把丈夫说"不关你的事"的残酷无情变成了"我的主人，我再也不问了"（《罗恩格林》，第一幕，第2场）。主人的突发奇想，他专横的命令，尤其是瓦格纳公开批评的分工，都得到了无意识的确认。在外面的世界里为其生存资料而"战斗"的男人成了英雄，在瓦格纳之后无疑有无数的女人把他们的丈夫当成罗恩格林。在情节发展中，艾尔莎被迫屈从于这一理想化，而她原初的想象荡然无存。起初，她违抗男性职业生涯的不可理解的义务，从而遭到了惩罚。这一反抗回响在某些激动人心的套话的弦外之音中，例如"圣杯已经派给了它那游荡的骑士！"（《罗恩格林》，第三幕，第3场）她没有别的选择："那你就惩罚我吧，我躺在你面前！"（《罗恩格林》，第三幕，第3场）在这种女性的抗议中宣告出来的不驯服的情感的余绪被压抑下去了，打着那些激发女性崇拜的奇迹的名义：这实际上就把奇迹拆穿为谎言。因此，瓦格纳的神话以顺从告终。在这一点上，对瓦格纳的所有嘲讽都是正当的。如果说神话强化了资产阶级意识形态，那么后者就宣判神话的野心是荒唐可笑的。在瓦格纳对他人的定罪中，他引起了对他自身天性中的琐碎、幼稚乃至纯粹个人的要素的特异反应。婚房一定要被列为惹人厌恶（而不是欢乐）的亲密场景之一。不害臊的自我放纵，作为资产阶级的自我约束的逻辑推论，导致了莱茵少女和女武神的滑稽可笑的自然声响，导致了汉斯·萨克斯的"哦嚯！哦他！"，导致了布伦希尔德自称为"狂野女人"（《齐格弗里德》，第三幕，第3场）之类"狂热的"性欲表达，或者导致了这样的诗句："你的唇多可口，齿如瓠犀，巧笑倩兮，樱桃小口！"（《齐格弗里德》，第二幕，第2场）最终导致了萨克斯的"到草地去，大步向前！"（《纽伦堡的名歌手》，第三幕，第4场）这些段落不可避免地让早就不是资产阶级的资产阶级感到尴尬。这里就离瓦格纳作品中随处可见的瑕疵——喋喋不休和自鸣得意——不远了。煽动家让他的追随者去死，无尽的旋律则亦步亦趋。这些特征和过分的熟悉化结合起来；沃坦的行为乃至古内曼兹的行为都太随意了。早就人人皆知的秘密在闲言碎语中透露出来，齐格蒙德热情地宣布沃坦是他的父亲，哪怕他先前已经告诉过他了（《女武神》，第一幕，第 2 场和第 3 场）。洪丁立刻发觉了齐格蒙德和齐格琳德的相似，然而后来揭晓两人是兄妹时要引起震惊。所有这一切都试图论证自己的合理性：据说，对原始思维来说，事实只有在被命名的时候才成为既成事实。其实，发生的一切只不过是瓦格纳自己的好脾气在向它自己致敬，其基本声调是萨克森方言。事实上他极其欣赏他自身。如果说"乐剧"缺乏一个救赎词，那么这一缺乏是靠剧中人不断互称为彼此的救赎来弥补的。不但伊丽莎白想要"纯洁地、天使般地"死去，就连爱娃也拿下面的话来感谢萨克斯："只有通过你，我才能高贵地、自由地、大胆地思考！"（《纽伦堡的名歌手》，第三幕，第 4 场）怪不得资产阶级世界最著名的爱欲艺术家的各种姿态均反射回到了它们自身：它们是自恋的姿态。在瓦格纳对神话的召唤中，对过去的崇拜和对个人的崇拜是不可分解地交缠在一起的。《尼伯龙根的指环》可以作证。

9. 神与乞丐

就其形式而言,《尼伯龙根的指环》是世界历史总体的一个隐喻:世界历史获得了对它自身在不可追忆的远古"曾经是什么"的意识,从而实现了自身。如果这不仅让我们想起黑格尔也同样想起叔本华——为瓦格纳的寓言提供了内容的叔本华,那么就可以说:尽管如此,《尼伯龙根的指环》仍然有一个方面是和黑格尔的历史哲学相一致的。这就是理性的狡计。任何反对总体的东西、反对沃坦的普遍意志的东西,都跟它是一丘之貉。因为沃坦的绝对精神念念不忘的不是别的,就是它自身的灭亡。因此,齐格蒙德早就说过:"危难呼唤英雄,没有神的眷顾的英雄,他将摆脱神的律法。只有他才能完成神需要的这些行为,哪怕神在阻止这些行为。"(《女武神》第二幕,第1场)在齐格弗里德那里,这一点又得到了重申:对世界历史的最终判决,是齐格弗里德打算执行的判决,但是它只有通过那些像他一样无辜的人才能得到执行,那些人摆脱了契约和私有财产的神话枷锁。"我既没有土地也没有人民,更没有父亲的房舍和宫殿,我继承来的唯有肉身一条,只要我活着便将它耗费。"(《众神的黄昏》第一幕,第2场)浪漫化的无产者概念将"救赎的大任"指派给了无产者,因为它假设无产者处于社会的罪恶关系网之外,然而它压制了无产者依赖于社会关系这一事实。在这里,与上述浪漫化的观念互为补充的另一种同样浪漫化的观念则认为,只要社会能够发现回到其未被玷污的清白起源的道路，就能实现自我更新，获得新生。出现在《帕西法尔》中的这种更新理论最终成了统治者阶层的更新理论。即使是在具有反封建意味的《尼伯龙根的指环》中，也明显具有可疑的成分。因为齐格弗里德是自然的一个没有被宠坏的孩子，所以他能够并且愿意服从某个社会的要求，但他的脱离社会的无辜性本身否定，甚至掩盖了那一要求。瓦格纳误解了被剥夺继承权的人的状况，他误将被压迫者表征为完璧之人。由于这一错误表征，齐格弗里德成了现存秩序的诡计的奴仆，最终成了总体的鹰犬爪牙。可以认为，作为这样的形象，作为木刻上的无产者的象征，他既毁了自己，又毁了总体。一旦齐格弗里德被放置在这一角色中，就不再是代表那个阶级的隐喻象征了。他被转型为单个的"个人"，因此又被转化为纯粹、非历史、直接的"人"的幻象。革命变为叛逆。他的一切反抗都没有逾越资产阶级社会制度的雷池一步，因为对抗并非起源于实际的社会过程，而是从外部强加的，所以它只会被漩涡吞噬。着手反对社会的个人主义冲动正如决定了该社会的形式的那些冲动一样冥顽不灵：作为意志的个体化的具体形式，它在黑格尔那里叫作激情，在叔本华那里则是人的"需求"。如果整个《尼伯龙根的指环》的故事可以理解为沃坦的自我认识史，一旦这种自我认识成为意识，就退出了行动的世界并否定了自身，那么，对沃坦的任何反抗都像自在的意志一样盲目，而其盲目性将像认识一样必然走向死亡。沃尔松一家（Volsungs）的激情追求着与现存总体不相容的特殊目标，但他们却坚持把总体（沃坦的统治）作为成功的唯一希望。由于缺少了"理性在世界中实现"的黑格尔理论，《尼伯龙根的指环》的结构就像命运三女神（Norns）编织命运之网的线团一样纠缠。《众神的黄昏》不仅将叔本华的形而上学判决付诸实施，也标志着瓦格纳逃离了某种历史哲学，在其中，普遍

性和特殊性的对抗总是像海市蜃楼一般闪耀着欺骗性的光辉。缺少了
黑格尔用来把握它的辩证环节，同样也就丧失了改变现状，将反复出
现的对抗彻底消灭的任何希望。抵抗是由社会总体产生的，这一事实
最终的结论是抵抗与统治的合谋：这里是《尼伯龙根的指环》对历史
的解释力所受到的外在限制，由此它渐入虚无。特殊性的反叛成了总
体性的执行机关。也就是说，它毁灭了总体，却未能找到新的、不同
的总体。无论如何，总体性本身成了无政府主义的、无情的自我毁灭
式的"反叛"的"恶之永恒性"。事实上，众神之父沃坦和他的死对
头兼救助者齐格弗里德之间绝非泾渭分明，而《尼伯龙根的指环》以
他俩的联合来庆祝史无前例的"革命之投降"。塞米希，从德累斯顿
革命失败的时候起就跟瓦格纳一起战斗的伙伴，以他无人可匹敌的敏
锐，洞穿了这种暧昧："发作也许持续了不止半小时，我被坐在我旁
边的这个人的词语风暴吓坏了——我该叫他沃坦呢，还是叫他齐格弗
里德？——我吓坏了，说不出一句话。"[①]齐格弗里德的窘境是昭然若
揭的，亦即"世界的统治者"应该毫不迟疑地成为吉比雄人的仆人，
应该同意参与哈根的阴谋，并服从于沃坦"想要"的那一命运，但与
此同时，据说他是出于"他自己的"意志这么做的。这一两难境地令
人头疼，整个结构也同样含混暧昧。两难铭写在整个四部曲的观念的
翻转上。在第一版中，齐格弗里德死了，却设法挽救了瓦尔哈拉宫。
而在最终的版本中，我们看到了绝望的结局，为了让齐格弗里德"尽
管不只是现存秩序的牺牲品和仆人，却依然无法改变现实"（齐格弗
里德一度跳出了那个现实，却被瓦格纳本人的顺从精神取消了），齐
格弗里德不仅导致了他自身的毁灭和个体化的毁灭，也导致了总体的
毁灭。

---

① Ernest Newman, *The Life of Richard Wagner*, Vol.Ⅱ, p.95.

对不受约束的权力象征的这一默认，资产阶级革命的崩溃，以及把世界的进程描绘为世界的毁灭——这些主题全都聚集在黑暗的巫术风味中。它们之间的关系，至少是失败的反抗和虚无主义的形而上学之间的关系，在尼采之后得到了注意。但是在更深的层次上，而不仅仅是在始终诉诸其源头（《埃达》和《尼伯龙人之歌》的神话欺骗）的表面行动的层次上，我们不得不注意到四部曲的主人公沃坦的背叛。沃坦的形象是由背叛和神、神话学和资产阶级社会构成的一个谜。看起来，他的形象是：穿着藏青色长斗篷的流浪汉，手持长矛作为权杖，带着圆形的宽边帽，帽檐向下卷着。他依次拜访了米梅、阿尔贝里希、埃尔达和齐格弗里德。在瓦格纳的所有作品中，正是他的形象堕落为资产阶级典型形象的后裔：精力充沛的人，不再年轻，戴着阔边毡帽，穿着有遮颈片的雨衣，他的大胡子，眼镜则提醒我们他只有一只眼睛。在托马（《简朴》的编辑，后来成为泛日耳曼主义者）写的一首讽刺民族主义小资产阶级的诗歌中，有这样的句子："嗨呀嗬呀，大步流星，大着胆子，从办公室里，我溜了出来。"后面还有："寒冰严霜，我不生冻疮！"这一讽刺的爆发力和瓦格纳的资产阶级继承人、追随者无关，却和有着相同起源，但在"乐剧"里构成了不同"角色"的资产阶级典型人物有关。一切都暗示了他们的特征就是马克思曾经讽刺过的那种德国的假革命派，例如"体操之父"扬（Turnvater Jahn）和"学生联邦"（Burschenschaften）[1]。原始的德国人一度被描绘为是热爱自由的圣人，代表了失乐园里的健康状态。他们荒唐、半家长制、半独裁的姿态是那些不允许自己的行动被他人命令

[1] "学生联邦"是在拿破仑战争结束之后、受路德维希·扬（Ludwig Jahn, 1778—1852）的激进民族主义的强烈影响而兴起的学生社团。扬的绰号"体操之父"指的是他对体育成为鼓舞和锻炼人民的工具所起的重要作用。

的人的姿态。民族主义的大胡子表现出他们拒绝所谓礼貌，正如阔边毡帽显示出对礼帽的拒绝，而遮颈片指明了他们对自然的违抗，当然这种违抗是不彻底的，因为生而为人，他们也是自然的一部分。假如"德国的社会主义者"除了名字以外根本不是社会主义者，那么他们寓言般地变形为《尼伯龙根的指环》里的沃坦，就说明他们跟资产阶级和解了：他们让他们自己成为父亲，将他们的愤怒合理化为父亲的惩罚，正如他们的安抚不过是希望被他压迫的孩子睡个好觉，希望世界"虚无静好"的那个父亲的安抚。他们的反抗像幽灵一样被消灭了，什么也没留下，除了表面上的显灵。沃坦是被埋葬的革命的幻影。他和他的同党像鬼魂一样徘徊在他们的行动失败之处，而他们的服装强迫地、令人不安地让我们想起资产阶级社会错失的机会：为了自身的利益，资产阶级社会像中了那流产了的未来的魔咒一般，重演了黑暗的远古。沃坦的幽灵性正是瓦格纳所暗示的，因为被剥夺了权力的老神王只能像个鬼魂一样在人类世界中"游荡"。他失去了名字，也失去了王国，无家可归。因此，他像鬼魂那样突然显现为他曾经无所不在的幽灵形象，带着可怕的模样，而一旦显灵，便"步履缓慢，一次一步"。他出人意料的显现吓坏了米梅，后来则让齐格弗里德大笑，像是看到了奇怪的遗迹。他的主导动机让人想起催眠曲，似乎他的古代的肉身自我化为一个影子，并被放逐到梦的王国（和阿尔贝里希的遭遇一样）。他的等音和弦是一个悖论的隐喻，寓意着永恒不变性让他自身感到了震惊。但那里有诸多迹象表明，作为古代的，现在被放逐了的神的灵魂，流浪汉也代表着被逐的新革命。既然流浪汉只说话，他就必然落在行动之外；他的光环来自他超然于社会的地位。这样一来他就成了《众神的黄昏》里那些陷入沉默的鬼魂（他们的沉默是一个象征）的预兆。因此，不屈不挠的米梅，实用、愚蠢而又狡猾的反思精神的代表，判定他的知识——"理性"——是无价值的："堆积了很多无用的知识。"（《齐格弗里德》第一幕，第 2 场）在世界上闲荡的人是乞丐。"用很多礼物迎接我。"他说的是他自己，但可怜的米梅不依不饶，穷追猛打："我叫游荡者滚开。"他答复道："现在没有人认得，穿着破烂的乞丐是神。"乞丐的可怕模样中包含着反叛的威胁：由于采取了请求者的立场，他在波希米亚人的圈子里给自己找到了一个资产阶级的家。这一形象具有神的色彩，这个事实粗看起来意味着被放逐的、沦为乞丐的人正是曾经的神——他曾经有改变世界的机会，却错失了它。但仔细一想，它意味着看似是神的反抗却走向了权威那一边，从而成了他本应改变的那个世界的代表。这样一来，沃坦就成了一个有些可怕却和蔼可亲的怪物。整个《尼伯龙根的指环》可以被描述为资产阶级的一首狂放不羁的催眠曲——带着副歌部分的重复"安息吧，安息吧，哦上帝"。在流浪汉和齐格弗里德的那场戏中，瓦格纳进入了儿歌的语言领域。齐格弗里德询问陌生人，口气就像小红帽问大灰狼。"可你看起来像什么呀？你为什么戴着这么一顶大帽子呀？它为什么要那样悬在你的头上？"沃坦回答道："流浪汉就是这样子的呀，他要顶着大风往前走呀。"（《齐格弗里德》第三幕，第 2 场）这一回答十分亲切，像所有流浪汉说的话一样，要把这种亲切拆开来看。它暧昧地将世俗的资产阶级经验和神话的史前史掺杂在一块儿：难怪它听上去有点儿谚语的味道——一种处在神谕和金玉良言的常识之间的辞藻。沃坦的话是神秘的，充满着在劫难逃的气息，他想要掩盖自己的真实身份。这一点被瓦格纳的音乐揭示出来了，流浪汉的和声之后紧接着就是瓦尔哈拉宫的主题。与此同时，神谕的启示是真的：它是属于经验领域的乞丐的真理。一句"就是这样子"中的谚语腔调根植于穷人的认命，因为在这个世界上，穷人的

"命"总是这样子，所以无能为力的人只好放弃反抗，只好顺从。然而，始终是这样子的命运在神话里找到了知音，神也总是带着不变的标志。老乞丐的智慧带上了史前神灵的标记。这一切，保护被社会抛弃的穷人不受自然力量之侵害的这些"实用"装束，本身是古老的。而自从莎士比亚的伊阿古以来，资产阶级和神话互相假扮的那种和蔼可亲已经成了叛徒的标配。它反映在流浪汉和齐格弗里德的这场戏中。如果我们要用一句话概括《尼伯龙根的指环》的"理念"，那么可以说：人把他自己从人和自然（人来自自然）的盲目同一性中解放了出来，于是人获得了征服自然的力量，但长远看来，这一力量只不过使人屈服于自然。《尼伯龙根的指环》的寓言证实了统治自然和屈从于自然是一回事。世界分裂为自然和个人化，就好比权威和反抗的二元分裂。在流浪汉和齐格弗里德的这场戏中，形而上学二元论的世俗本质是显而易见的。齐格弗里德说："老人言真的过时了。"流浪汉回答道："少安毋躁，年轻人！如果我比你老一些，那么你就应该放尊重些。"齐格弗里德："那敢情好！我这一辈子，老是有老人挡我的道：现在我要把他扫到一旁。"（《齐格弗里德》第三幕，第2场）看起来，大不敬的齐格弗里德在这一对垒中占了上风。然而，他的胜利同时也就是屈从于指环的权力。音乐让我们对此确信无疑。伴随着流浪汉最后的话，"前进吧！我阻挡不了你"，我们听到了众神的黄昏的动机。统治自然的人仅仅陷入了一种自然的奴役状态，这一寓言在《尼伯龙根的指环》中获得了历史的维度：随着资产阶级的胜利，认为社会也像是一种自然过程（某种"命中注定"的东西）的看法再度得到了验证，哪怕人在许多方面征服了自然。一旦揭露了这一过于自负的"自然过程"只不过是无序的社会过程的产物和耻辱烙印，只不过是一个全知全能的权威的奴仆，灾难便降临了。在这一背景中，居于瓦格纳音乐核心中的那种撤退的音乐姿态就可以从社会的角度得到完全的理解了。

背叛内居于反抗之中。晚期的瓦格纳并不需要他后来改宗皈依顺从主义的姿态；无须跟他早期的造反价值观——他对农民的信仰，对虚无、对"空"的信仰——决裂。我们只要看看巴枯宁对他的影响就够了。在纽曼的叙述中，瓦格纳是这样描述巴枯宁的："他既天真又如恶魔般地表述了……在大火中的俄罗斯人民的兴奋，也就是罗斯托普金在其焚毁莫斯科的策略中指望的那场大火。"瓦格纳对无政府主义的解释是，万事俱备，只需"发动一场世界性的运动，劝服俄国农民——在他们身上，被压迫的人类的善良本性还保持在其最天真单纯的形式中——去焚烧他们的统治者的城堡以及城堡里里外外的一切，这事儿本身是正确的，也会让上帝满意；由此必然导致毁灭一切，而文明的欧洲——现代世界的一切悲惨、不幸、贫穷、痛苦的真正渊薮——的最睿智的思想家一定思考过这个问题。"[1] 对土地的依恋，大火的魔法，代表了政治家瓦格纳的最高信仰。在《艺术与革命》的导言里，他用了若干诡辩，设法把他自己和他参加的起义的具体目标分割开来。"最大的危险在于作者频繁使用'共产主义'一词，假如他拿着这些艺术散文杀进今天的巴黎的话，会导致严重的恶果。因为他公开宣称他拥护这个范畴，一个与'利己主义'相反的范畴。我当然相信友善的德国读者（他们明白这一组对立的含义）将毫无困难地消除以下怀疑，亦即他是否把我当成最新的'巴黎公社'的党徒。我不能否认，对于把'共产主义'一词作为利己主义的对立面来用（来自费尔巴哈著作中的那种用法），我本来并没有多大的热情：假如我不是从这个概念中看到一种社会政治的理想的话。我认为该理想体现在

---

[1] Ernest Newman, *The Life of Richard Wagner*, Vol.II, p.53.

代表了古典的博爱精神之无与伦比的创造力的'人民'的身上，并且期待着博爱这一原则能够完美进化为未来的联合起来的人类的本质。"① 我们在这里根本看不到反叛的影子。相反，反叛的花言巧语只是愤世嫉俗地主张着粗声粗气的资产阶级反叛所竭力掩盖的东西。瓦格纳的反叛是资产阶级革命本身的一部分。矛盾的是，《尼伯龙根的指环》的悲观主义中恰恰包含着先前对革命的批判，因为它暗中承认了自然人的反抗最终只不过是再度确证了那一看似自然的社会制度。这一洞见却是瓦格纳及其"高扬"类型的意识形态后裔们不愿意承认的，尽管《众神的黄昏》里的管弦乐队的壮大让他们觉察到了这一点。瓦格纳在革命几乎快要完结之前背叛了革命，② 这就足够耐人寻味了。同样发人深省的是，根据纽曼的详细叙述，官方的瓦格纳学派故意千方百计地篡改和歪曲他参加革命的记述。③

反抗和社会之间的冲突事先就注定是有利于社会的。在《尼伯龙根的指环》里，社会对反抗的胜利，以及反对派为了资产阶级的目标而招兵买马，都被概念化为一种先验的命运。这种概念化使得世界历史的寓言远离了现实的历史进程："他想要表现的是处于其早期历史阶段的世界的不可避免的毁灭，并且用齐格弗里德这一英勇无畏、快乐的未来之人来跟它进行对比。然而当他开始落实其计划的时候，其实早在其原创的观念中，他不得不承认他不自觉地追求着另一个深刻得多的理念。他在他的诗歌中所感觉到的，他承认了其根本上的无意义性的东西，并不仅仅是世界历史的一个阶段而已，而就是这个世界

---

① *Richard Wagner's Prose Works*, Vol.I, pp.27-28. 瓦格纳用的"利己主义"一词显然是指"个人主义"。——英译者注

② Ernest Newman, *The Life of Richard Wagner*, Vol.II, p.158, 170, 231etc.

③ Ernest Newman, *The Life of Richard Wagner*, Vol.II, p.9, 14, 18etc.

在它一切可设想的阶段上的本性。"[1] 这是卢卡奇曾经说过的"故作深刻的肤浅化"的一个教科书般的案例：通过拉平到普遍人性及其"无意义性"的层面，社会的真正"本质"——社会的现实历史的运动规律——就被忽略了，而特定历史阶段的悲剧就被稀释为一条普遍法则。与此同时，这一悲剧在它留给《尼伯龙根的指环》的反叛角色的印记中仍然起着作用。秩序的反对者是完全没有真正的悲悯之心的孤立个人，也没有任何团结的意识。齐格弗里德，未来之人，是个打手，幼稚得不可救药，骨子里帝国主义，具有大资产阶级的自信这一可疑的优点（相对于小资产阶级的软弱、优柔寡断而言）。瓦格纳那里几乎没有任何人类的集体性，除了"人民"这个含糊的观念。《汤豪舍》里的歌手圈子，洪丁的帮派，在一定程度上还有《纽伦堡的名歌手》里的行会，都是不被重视的。与此相反，《帕西法尔》里赞颂的兄弟情义是歃血为盟的秘密社团以及后来的元首兄弟会的原型——后者酷似"渴望和平之家"（瓦格纳在拜罗伊特的寓所）的小圈子，一个由邪恶的性欲和对暴君的恐惧结合而成的党派，对一切圈外人有一种近乎恐怖主义的过敏。作为其秘密警察头子，格拉斯纳普在他杰出的传记中列出了和瓦格纳有接触的每个人和每条狗的正式清单，甚至吹毛求疵到如此程度，说尼采之所以认为瓦格纳是他的朋友是因为瓦格纳曾经称他为他的朋友。[2] 所有关系都是扭曲的，因为都被纳入了一个主人和奴仆的体制，一个被尊敬和忠诚等概念掩饰起来的体制。拜罗伊特甚至被认为具有影子内阁的特征，让我们想起后来的"国家服从政党"的原则。这些特征可以用于解释瓦格纳对俾斯麦的敌意以及对排外性的私人偏好，也可以解释为什么把不同意见说成是

---

[1] Carl F. Glasenapp, *Das Leben Richard wagners*, Vol.3, Leipzig, 1905, p.50.

[2] Carl F. Glasenapp, *Das Leben Richard wagners*, Vol.5, Leipzig, 1907, p.388.

不忠。在自由主义的文化当中，目标是建立一种文化垄断：这一污点玷污了瓦格纳对艺术商业化的批评的纯洁性。按照纽曼的证言，拜罗伊特的全部观念都和用来清除保留剧目轮演剧院的竞争对手的那些幕后操纵不可分割。死后发表的"《帕西法尔》法"草案揭示了从一开始就隐含在瓦格纳改造剧院的愿望里的某些真相[①]。将他的小圈子里的一切篡位和寄生的成分扼杀在萌芽状态，这意味着崇高在评判粗俗的时候会变得分外无情。

尽管如此，在这一扭曲的共同体观念里面，我们获得了一种批判的视角，从中可以无情地暴露社会的本相。即使《尼伯龙根的指环》中的世界历史与神话的交缠并不仅仅是一种决定论的形而上学表达，它也使得一种对"被决定了的恶世界"的批判成为可能。瓦格纳对所有矛盾的预先解决是衡量资产阶级社会的幻象之网的一把尺子，资产阶级的权力正是在资产阶级意识形态想象自己已经有了自我意识的那些时刻达到顶点的。齐格弗里德对布伦希尔德的爱消失了两次，每次都是在他说出她的名字的时刻。布伦希尔德明知故犯，拒绝了瓦尔特洛德的警告，一如齐格弗里德无视莱茵河少女们的警告。看起来，这对叛逆的情侣最强大的冲动简直就是自焚的冲动：这一驱力像磁铁一样把特里斯坦和伊索尔德拉出了白昼世界，亦即齐格弗里德和布伦希尔德设法征服的那个世界。正是在这一点上，瓦格纳对资产阶级革命的批判破壳而出。在他看来，只要私有制还保留着，就不可能摆脱资产阶级社会的欺骗幻象。在这个私有制占统治地位的制度内，主体的愉悦——爱（Minne）——是不可能和客观、有组织的社会生活再生

---

① "《帕西法尔》法"的理念是要把歌剧的演出限定在拜罗伊特，理由是假如允许其他歌剧院演出它，其"收益能力"便会大为逊色。1903 年纽约大都会歌剧院上演的《帕西法尔》在瓦格纳爱好者中间引起了轩然大波。

产达成和解的。在《莱茵的黄金》里，被瓦格纳拿来作为"爱"的反题的"权力"仅仅意味着支配他人劳动的能力，这就隐含着对"贪婪成性的"资本主义的某种谴责。当莱茵河少女们给齐格弗里德最后一次机会的时候，他拒绝了，并诉诸最终的陈词滥调，私有制的套话。当她们叫他交出指环的时候，也就是让他为了挽救他自己、挽救世界而投降的时候，他回答说："如果把我的所有物浪费在你身上，我的妻子一定会责骂我的。"（《众神的黄昏》第三幕，第 1 场）当她们嘲笑他的资产阶级态度并威胁他的时候，意识形态的幻象就在这个并没有在让人恐惧一切的世界上学会恐惧的人的心中重新建立起来了。在瓦格纳那里，资产阶级将毁灭设想为唯一的救赎之路，甚至在救赎中看到的也只是毁灭，从而梦想着它自身的毁灭。对物化的资产阶级世界而言，对资产阶级道德的代表人物弗里卡而言，革命被沃坦描述为"自发发生的事"①。而被当成解毒剂的有机生命却依然盲目地、漫无目标地纠缠着自身。只有命运才自发地发生。在《尼伯龙根的指环》里，为了命运，人类抛弃了一切希望。

---

① 参见《女武神》第二幕，第 1 场。自发发生的事件是齐格蒙特和齐格琳德的不伦之恋，而沃坦恳请弗里卡接受这个事实。——英译者注

10. 妄　念

　　瓦格纳的悲观主义是叛徒的反抗哲学。他洞察到现存世界的邪恶本质（这是从邪恶的当下现实中得出的结论），而他的反抗中不仅保留了这一洞察，同时也保留了对那一邪恶的不可阻挡的繁衍过程的洞察。他将邪恶的代代相传提升为一个无所不包的形而上学原理，从而背叛了反抗。作为某种永恒不变的东西，该原理嘲笑一切改变它的努力，并获得了一种尊严的荣耀，而它却禁止人获得这样的尊严。瓦格纳同后来的德国存在主义哲学如出一辙，将"无意义性"这一形而上学原理"本体化"为经验存在的"意义"。面对个人利益和社会生活总过程之间的矛盾，他只能俯首称臣，并把投降当成一种国家行为来庆祝。在帝国主义时代，"唯心主义"无疑已经放弃了让资产阶级社会中不可缓和的矛盾达成"和解"所需的力量，而批判无疑使得那些矛盾昭然若揭。瓦格纳不仅与虚假的和解一刀两断，也放弃了克服那些矛盾的任何尝试。他玩弄花招，把这种归顺变成了世界的基础。"永恒正义"的观念在叔本华那里就有些可疑了。自从它存在于"表象"王国（即现实世界）的权利被否定之后，它就留存于"意志"王国中，在那里，唯一的衡量尺度是恒久不变的痛苦以及一种魔鬼的信条：现存的一切都坏透了，无论它们遭受到什么样的命运，都是罪有应得的[1]。在

---

[1] Schopenhauer, *Sämtliche Werke* (Grossherzog Wilhelm Ernst Ausgabe), Leipzig, Vol. I, *Die Welt als Wille und Vorstellung* I, p.464.

瓦格纳这里，上述"永恒正义"则面目全非地变成了对命运的敬畏，而命运甚至再也不允许自由在"自在之物"的领域内起着调节性的作用。相反，自由被随随便便地托付给了闹剧。当沃坦否定他自己的生命意志的时候——"我放弃我的工作，我现在只想要一样：终结，结束！"①——就连意志的自我弃绝也不再是一种自由的行动。这里，瓦格纳和叔本华背道而驰。自由，哪怕是叔本华意义上的那种非常有限的自由，即仅仅作为"否定的决定因素"的自由，在瓦格纳那里都毫无立锥之地。沃坦对意志的弃绝导致了一个决定论的世界，埃尔达和命运三女神是对这个世界的形而上学解释，它的经验解释则是社会契约："按照约法，我成为世界的统治者；现在我受约法的束缚。"② 他的弃绝不仅使他挣脱了世界的枷锁，也使他在更深的意义上成为世界的同谋。在叔本华宣判生命是盲目的意志游戏之处，瓦格纳却顺从地屈服于意志，将它当作凡人无法理解的神圣自然秩序来顶礼膜拜。这使得他有可能将叔本华哲学修正为一种"肯定的"哲学：瓦格纳把叔本华哲学的种族主义倾向嫁接到"重生"的理论上，从而完成了这一备受好评的修正。巧的是，这一修正也是尼采同叔本华渐行渐远的原因之一③。

纯粹的冲动变成了现已被神圣化了的大地母亲的神秘戒律。在《尼伯龙根的指环》中，与之背道而驰的一切都是阴暗而无能的。同埃尔达和众神的黄昏有关的那些古调的自然声音具有一种肯定的功能，它们取代了意志的"掉头"或弃绝。它们所具有的镇静效果完全不同于叔本华那里的宁静。其实，瓦格纳否定的不是意志，而仅仅否

---

① 《女武神》，第二幕，第 1 场。

② 《女武神》，第二幕，第 1 场。

③ Heinrich Rickert, *Die Philosophie des Lebens*, Tübingen, 1922, p.19.

定了意志在观念（现象界）里的对象化。意志本身，换言之，非直接的社会过程的本质，仍然得到了一颗谦卑的敬仰之心的认可和接受。于是个人毫无异议地默认了他自己的灭亡，视之为意志的作用，但意志本身已经不再反对作为自然的意志自身了，而仅仅无言无语地悬置于真空中：任何评判现存的现实的具体尺度都消失了。这一切只有在意志的否定性遭到彻底歪曲的情况下才会发生。在瓦格纳那里，自然法则再也不在个人身上"掉过头来"，相反，个人仅仅是自然法则的补充和完成。从逻辑上讲，这就使得瓦格纳和叔本华产生了矛盾。因为在后者看来，生命意志的"掉过头来"就等于是"观念成为对其自身的意识"。观念之所以否定它自身的生命意志，是因为它认识到非正义是意志无法摆脱的一个如影随形的同伙。因此它打破了盲目的命运的恶循环（叔本华说，灼热的红炭所构成的圆形轨道是要极力避免的），并希望这样的行动能够让世界以及它背负的原罪（意志）得到平息。这一放弃的第一个要求就是性的禁欲主义。现在，瓦格纳确实在《帕西法尔》中接受了这样的条件，但是他仅仅用圣杯骑士的世俗荣誉取代了它。用叔本华哲学的话来说，付出的代价是根本性的妥协让步。在《尼伯龙根的指环》中，在《特里斯坦与伊索尔德》中，禁欲的理想本身和性欲搅和在一块儿。在狂喜的瞬间，本能的满足和生命意志的否定混杂在一块儿：在齐格弗里德和布伦希尔德的"笑着死去"中，也在让人忘却生命的"爱之夜"中——"拥我入你的怀中，把我和这个可恶的世界分开！"[1] 最终，特里斯坦诅咒爱情，诅咒的对象是不可抑止的个体化之渴望，而这一渴望将在死亡的安息中、在欢愉中得到"平息"。欢愉对瓦格纳来说具有死亡和毁灭的特征；反过

---

①《特里斯坦与伊索尔德》，第二幕，第1场。

来，在作品中，死亡是被当成"高潮的欢乐"和最高的善来庆祝的。作品的令人兴奋和迷人之处成了给死亡打的广告。在叔本华那里，痛苦是纯粹的表象，其卑鄙和粗鄙凸显了其严肃性。在瓦格纳这里，宏伟壮丽的装备把痛苦变成了琐碎不堪的鸡毛蒜皮。只有在折磨不会说话的动物（如《帕西法尔》里的天鹅）时，痛苦才成为一种物质现实。对动物的恻隐之心一旦回到人类自身，同情心就变成了所谓感情用事。在别的地方，假如痛苦被允许存在，那么它就被稀释了，成了意志本身那不可平息的渴望的一个象征。瓦格纳的那些软弱的、病态的主人公（汤豪舍、第三幕的特里斯坦、安福塔斯）都是这样的象征，而他们的苍白脸色与其说是人类苦难的特定折磨的标志，毋宁说是无比强烈的激情的保护色。"地狱"的现实里找不到叔本华设想的那个作为观念（表象）的世界的任何痕迹。[①]

　　瓦格纳的许多主人公在死去的时刻并不痛苦。唯一的解释是情节的突兀。汤豪舍、艾尔莎、伊索尔德和孔德丽一跃跳进了精神。对齐格弗里德之死的舞台说明是他"睁开了眼睛，容光焕发"，他死的时候是认得出布伦希尔德的。布伦希尔德的火葬之死不过是印度式的炫耀。嘴上说着这一仪式是要阻止对动物的残忍，但她却认为她的马跳进火堆的时候会发出欢乐的嘶鸣。恐惧被压抑了，成了闹剧。只有低于人类的米梅能够在被殴打时发出"嗷！嗷！"的痛苦嚎叫。在形而上学死亡的强光束下，同情心找不到藏身之所。那些本来要求同情心的人们也渐渐坚决地否定了它。取而代之的是一种总体的决定论，它为主要人物开脱洗罪。多亏了爱情和遗忘的药剂，特里斯坦和齐格弗里德免于民事责任。至于公民瓦格纳，他在原则上已经允许自己不用

---

① Schopenhauer, *Sämtliche Werke*, Vol. I, p.430, 518.

去尽那些责任了。他在有意无意间赞同了处在现存世界的机制下的个人的无能。觉得自己自由的个人与他陷入的无所不包的必然性之间的鸿沟被魔法跨越了，然而是以一种决定性的、不可改变的方式。作品在审美上的缺陷（自然的行动的过度动机化）成了瓦格纳默许的那些矛盾的表达。个人的脱罪有着其意识形态功能。由于他是不自由的，所以他可以为所欲为，因为自永恒观之，他并不能做任何事情。资产阶级规范的绝对性使得违反规范成为合法的，无论如何，规范不会伤害容光焕发的主人公的道德纯洁性。包括晚年叔本华在内的"自由主义的"资产阶级成员减少了对齐格蒙德和特里斯坦各自的通奸行为的愤怒，不仅仅是出于伪善，也源于他们认识到瓦格纳式的自由表象已经把资产阶级的理想颠倒为它的反面。打着所谓"更高的"必然性的名义，这里的自由人是掠夺了弱者财产的强者。就此而言，资产阶级对国王马克的嘲笑并不是彻头彻尾的荒谬。马克想要宽恕和遗忘，这样的愿望被粉饰为一个克服了狭隘占有欲的人的睿智和超然，但它确实暗示自由主义者接受了他们在更现代的方案面前的失败。马克是"平息"的鼻祖，他那"睿智"的惊叹实际上颂扬了暴力。"世界在本质上是邪恶的"，这一理论有助于现存世界的统治地位。晚期资产阶级的典型代表瓦格纳类似于早期资产阶级，尤其是霍布斯，而叔本华也很喜欢引用霍布斯。

瓦格纳将死亡表现为狂喜，他对死亡的赞美使得他对叔本华的偏离并没有我们认为的那样彻底。即使叔本华用禁欲主义的语言构想了涅槃，他对狂喜的元素也并不陌生。"如果断然还要坚持用个什么方法从正面来认识那哲学只能从反面作为意志的否定来表示的东西，那么我们没有别的办法，只有指出所有那些已达到了彻底否定意志的人们所经历的境界，也就是人们称为吾丧我、超然物外、普照、与上帝合一等等境界。不过这种境界并不能称为认识，因为这里已没有主体和客体的形式了，并且也只是他们本人的，不能传达的经验所能了知的。"① 这段话里的叔本华与他自己的基本教义产生了矛盾。"……但是那看穿个体化原理的人，认识到自在之物的本质从而更认识到整体大全的人，就不再感到这种安慰了。他看到自己同时在这轨道的一切点上而毅然跳出这轨道的圈子。……他的意志掉过头来，不再肯定它自己的，反映于现象中的本质；它否定这本质。"② 意志的自我认知，在其最高表现中却为无意识、狂喜、神秘的合一（亦即瓦格纳作品里廉价兜售的那些玩意儿）所取代。即使是在叔本华那里，也有了将死亡装扮成得救的瓦格纳式实践以及膨胀的"拯救世界的人"的观念的苗头。在瓦格纳这里，"拯救世界的人"③ 成为整部作品的意识形态高潮。叔本华的错误在于他把个人意志的"掉过头来"置于作为自在之物的意志之上，严格说来，这种优势地位并不符合他的基本教义。理论上，个人对生命的否弃是和叔本华的"意志"完全无关的事。意志只会继续造成新一轮的痛苦（根据个体化原理），而和圣徒的行动无关。随着"拯救世界"这一观念，个别的反思精神、个人的自我认识就偷偷掺杂进了一种思辨的、实体的原理——叔本华反复谴责的那种黑格尔的原理。救赎概念（生来就不关心意识对无意识的差异）把悲观主义的意识形态引向了其逻辑结论：瓦格纳。在救赎的旗号下，资产阶级的否定性和对它的否定都同样被认为是肯定性的。《尼伯龙根的指环》结尾的世界大毁灭也是一种大团圆结局。它使自己适合于死亡和美化的套路，这一套路在死亡通告、报纸讣告和墓志铭的措辞里

---

① Schopenhauer, *Sämtliche Werke*, Vol. I, p.536.

② Schopenhauer, *Sämtliche Werke*, Vol. I, p.498.

③ Schopenhauer, *Sämtliche Werke*, Vol. I, p.477.

表露出其商品特性。"死亡让想象落空"的事实成了装饰生命之恶的工具。救赎范畴失去了神学意义，却被赋予了安慰的功能，尽管它没有任何确切的内容。它是无家的归家，没有永恒的永远安息，不以享受它的人类作为现实基础的和平幻景。生命的物化延伸到了死亡，因为它把它阻止生者获得的幸福给了死者。作为交换，它为自己保留了对生存的所有权，否则幸福这一称号就注定成为谎言和丑闻。几乎可以说，以救赎的名义，死者被第二次骗走了他们的生命。说到底，《众神的黄昏》的结尾和瓦格纳所憎恶的（完全正确！）古诺的《浮士德》的结尾没什么区别。在古诺那里，甘泪卿成了飘荡在德国小城上空的天使。巨大全景的模型是《漂泊的荷兰人》结尾的明信片图画似的粉红色，以及借用了教堂音乐的下属和弦转主和弦效果的《序曲》。瓦格纳的救赎——其烟火光完全统治了李斯特的无数终乐章和画室音乐——是最终极的幻境。它用不断上升的个人这一幻景取代了真正的超越：在个人被消灭的时刻，他消失了，化为云烟。没有任何表面的和解能让观众获得和解，只有那个外显的表象——在完全荒唐的情境（在廉价小说或马戏团压轴戏）中的幸福允诺——本身的完美。瓦格纳的救赎概念的最内里的核心是虚无。它也是空洞的。瓦格纳的幻境是海市蜃楼，因为它是空无和虚空的显现。这就是奠定了瓦格纳风格的基本冲动。它企图从纯粹的主体性中召唤出一个高于、优于主体性的存在，一如那个存在是一个能够折射出更高存在的存在。因此他成为新艺术运动的奠基人，并且和易卜生有了共同点，尽管两人的信仰和信念完全不同。他和易卜生的图像世界同样是无法获得的"意义"的无能而空洞的象征：死去的主人公头发上缠着葡萄藤的叶子[①]，

---

① 指的是《海达·高布乐》。——英译者注

大建筑师的不知所云的塔。和易卜生一样，它的特征也是妄念和幻想。空洞的虚无本身在他的作品中成形了："我醒来之处，我不停留；我停留之处，我无法诉说。我从未见过太阳、土地和人民。我见到的景象，我没法告诉你。那地方曾是我永远的家，也是我今后的家：世界之夜的广袤国度。"① 对瓦格纳的虚无主义问题的解答最终取决于对这些构象的解答。

瓦格纳作品把虚无提升为某物，这也许有助于我们理解他对压迫和施虐的权力的极度认同的态度，乃至他能够平静地看着他自己的毁灭。这一态度的基础是叔本华的信条："一个倒转过来的立足点，如果在我们也有这种可能的话，就会使正负号互换，使我们认为存在的变为无，而无则变为存在的。"② 尽管这一立场极端，却不乏哲学基础。它在如下信念中："无这个概念基本上是相对的，总是对它所否定的、所取消的一个特定的某物而言的。"③ 叔本华对古老的"否定性的无"（绝对的无）和"关系性的无"（相对的无）之争的解答是站在后者一边的。和他的对头黑格尔一样，他认为无只是存在之运动的一个环节，而运动才是一切。瓦格纳也有这种思想。虚无的构象不仅仅是为了崇拜虚无的深渊，它们同时也企图定义虚无，以便确定虚无和存在的分界线，并利用否定性这一概念来获得一种滑动于他的指掌之间的现实。特里斯坦的"那一景象怎么会离开我？"④ 把虚无作为某物的预兆，就紧紧抓住了彻底的否定性将乌托邦幻想变得完美的那个瞬间。那是醒来的瞬间。在第三幕的过渡段中，管弦乐队的号声高翔于

---

① 《特里斯坦与伊索尔德》，第三幕，第 1 场。特里斯坦受伤后苏醒过来，便说了这番话。——英译者注

② Schopenhauer, *Sämtliche Werke*, Vol. I, p.536.

③ Schopenhauer, *Sämtliche Werke*, Vol. I, p.534.

④ 《特里斯坦与伊索尔德》，第三幕，第 1 场。那一景象指的是世界之夜。——英译者注

虚无和存在的分界线上，以抓住特里斯坦的悲伤的牧羊曲的回声——只要资产阶级时代的基本经验仍然是人类的感知，这一段就会继续存在下去。它和另外一段，即布伦希尔德醒来的场景，一起证明了闪着微光的意识，假如没有这种意识，虚无概念（或者说，瓦格纳想让我们相信的东西）是无法设想的。如果同情心只为动物而保留，那么动物是这个瞬间的一个角色。作为逝去时代的幸存者，布伦希尔德的马似乎影响了向警觉的现在的转变。在叔本华看来，逝去的时代是绝对的无。如果瓦格纳虚无主义地把历史还原为自然，那么反过来，自然（虚无辩证地成为自然的一个局部环节）就为虚无设定了界限。任何瓦格纳作品里的虚无都允诺了一个继续存在下去的自然。莱茵河少女胜利地把指环带回家，带到河底深处，这是未毁灭的自然的标志。深度的形象为瓦格纳的虚无概念提供了轮廓。在瓦格纳生命的风烛残年，他越来越迷恋别人那里的一些幻想的、无希望的、有深度的半人半仙：花仙子、歌德的迷娘、水女神（Undina）以及没有灵魂的存在——他死之前不久把柯西玛比作它们。它们是虚无派到存在来的信使。他的音乐的最深刻的意图是拯救它们。在瓦格纳的德累斯顿时期，他和画家、诗人罗伯特·雷尼克是好朋友。也许他很熟悉雷尼克的童话故事《丽姿岛》。渔夫的女儿叫赫拉（Hella[①]），中了一个漂浮的岛及其幼稚的岛民们的咒语，无法摆脱他们的歌声的诱惑，最终被水卷走。她走的时候向岸上的村民唱了一首关于湖中岩石的歌："这一次，这一次，大地上黑夜降临，快到水下去，那里有光明！"如果瓦格纳音乐背负的使命是从他的时代的寓言形象的废墟中破译出虚无的讯息，那么虚无的轮廓将作为他自己的时代的轮廓的反题而成

---

① 赫拉的意思是"光明""明亮"，但是也指"地狱"（Hell）。——英译者注

为乌托邦。大地上黑夜降临，水中却有光明：瓦格纳全部的恨和梦的内容在这一德尔菲的福音中达到了顶点。无论如何，我们在《莱茵的黄金》的末尾几行中似乎听到了它的回声——作为伟大体系的光辉摹本，《尼伯龙根的指环》最终在这里看到：虚无给陷入悲剧情境的人提供了不理智的、不成熟的、绝望的、孤独的希望——"莱茵的黄金！莱茵的黄金！最纯粹的黄金！只要你的亮光还在深处闪耀！现在，只有深处才有温柔和真理，在上面寻欢作乐的人是虚伪而怯懦的！"（《莱茵的黄金》，第 4 场）作为避难所，这些深处也掩盖了"虚伪而怯懦"地吐露的一切。无目的地复制自身的社会的这种"坏的无限性"把自然的形象扭曲和压缩为虚无的形象，而虚无的形象是世界大监狱的唯一裂缝。不过，与此同时，虚无也为地狱服务，动摇了他的作品和社会的那个貌似连贯的体系。《女武神》的第二幕（那里急需一个恐怖的神）对体系进行了宣判，判决了它的过于理想化乃至毁灭。这就使得作品并未宣称臣服于命运的主宰的必然性。忠诚于自由之梦的不是齐格弗里德，而是齐格蒙德，一个不抱希望地死去的英雄。他拒绝英雄的理想，但他却比那些得到确认的英雄（他们甚至在开始战斗之前就已经取胜）更真实地体现了英雄理想。当绝对者否定了他的个体化的幸福（瓦格纳和叔本华一样诋毁个体化的幸福）时，他拒绝跟随布伦希尔德去瓦尔哈拉宫。"如果我不得不死，那么让地狱紧紧抓住我。"（《女武神》第二幕，第 4 场）地狱是阿尔贝里希的王国，它企图颠覆瓦尔哈拉宫。在所有意图和目的当中，它是对瓦尔哈拉宫实施正义的唯一场所。只有这里才有正义的可能性。不是叔本华所谓的"永恒正义"，而是不逃避"灼热红炭的圆形轨道"的正义，却是真正的进步。故事从这一正义开始，并且取消了作为史前史的前意识神话。

瓦格纳的作品为资产阶级衰落的早期阶段提供了雄辩的证据。在寓言的框架内，这一毁灭冲动预示了社会的自我毁灭。尼采批判瓦格纳"腐朽"，也只是在这个意义上成立，而不是在任何生物学的意义上。然而，如果一个腐朽的社会孕育出了来日或将取代它的社会的种子，那么，尼采就和他之后的20世纪的俄国社会主义一样，未能认识到资产阶级衰落的早期阶段释放出的力量。有创造力的精神不能从瓦格纳的作品中汲取未来的力量，这并不是它的腐朽性。单子的弱化，单子不再等同于它的单子状态，并在总体性的压力下消极地沉没了——这一切并不仅仅是一个注定灭亡的社会的表现，它也释放出先前在其自身中发展出来的力量，从而把单子转变为叔本华设想的那种"现象的存在"。在瓦格纳作品里，残缺的个人身上有着比那些审美的角色更多的社会过程，它们更为接近社会提出的挑战，从而更坚决地面对挑战。就连自我的受虐狂式的投降也不仅仅是受虐。无疑，主体性的幸福向死亡投降，但这也预示着它获得了破晓的意识：它并不完全属于它自己。单子"病了"。它无力实现它的原则，孤立的独特性原则。它无法获胜，无法忍受。因此它自暴自弃。然而，它的投降不仅仅帮助邪恶的社会战胜了它自身的抗议。最终，它也消灭了个人自身的基础：邪恶的孤立化。在爱中死去，也意味着意识到了私有制的权力对人的限制。它也意味着发现幸福的要求将——在兑现它们的地方——粉碎自主的、有自制力的个人概念：这样的个人将自己的生活降格为物的生活，骗自己相信在彻底的自我克制中能够找到幸福，而实际上，幸福已经被自我克制这一事实粉碎了。确实，齐格弗里德过于吝啬，从而不能把指环归还给莱茵河少女。但是，当他在确保他的自我欺骗是完完全全的时候，他找到了一个动作，把一块代表了个体生命的土块扔到他的身后，表明一个人并不需要坚持他曾经收到的个体生命的承诺。①

　　因此，瓦格纳不仅是帝国主义和晚期资产阶级的恐怖主义的自觉的先知和勤勉的仆人，他也具有神经敏感者的能力来思考他自己的腐朽，并且在一个经得住全神贯注的凝视的形象中超越了那一腐朽。我们可以问，尼采的健康标准到底是不是比瓦格纳的批判意识更有益？——在瓦格纳和造成他的腐朽性的无意识力量的交流中，他那浮夸的缺陷获得了这种批判的意识。当他跌倒时，他获得了他自己的所有物。他的意识在那个威胁着要压倒意识的黑夜中得到了锻炼。帝国主义者梦想着帝国主义的灾难结局；资产阶级的虚无主义者看穿了时代的虚无主义将随着他自己的虚无主义而至。在《艺术与革命》的结尾，我们读到："但是它能让我们理解到战争艺术的进步始于道德力量的活力，并越来越转向机械力：这里，较低级的自然力量的最原始的力量进入了人工的戏剧，在其中，盲目的意志有朝一日将打破羁绊，用原始的力量来干预。全副武装的海监船②已经有了阴暗的鬼怪面容，与之相比，雄伟的大帆船再也没有用处了。哑仆人不再有人的外表，服侍着这些怪物，他们甚至不离开可怕的锅炉房。正如在自然中一切都有天敌，艺术也为海洋发明了风暴，为涡卷饰发明了炸药，诸如此类，在任何别的地方。可以想象的是，随着艺术和科学，勇气、荣誉、生命和财产会有一天在不可估量的灾难中灰飞烟灭。"③瓦格纳的音乐要比他的这番话更理解这一点。通过辩证法的扭转，音乐从无意识的同伴变成了意识的第一伙伴：音乐是认识可以发号施令的

①参见《众神的黄昏》，第三幕，第1场："对于生命和树枝，看吧，我把它们抛开！"（他捡起土块，举过头顶，在说最后一个字时将它扔到他身后。）——英译者注

②海监船（Monitor）是19世纪时沿海使用的有旋转炮塔的低舷铁甲舰，以美国1862年制造的第一艘该型舰船的名字命名。——英译者注

③*Richard Wagner's Prose Works*, Vol.6, *Religion and Art*, p.252.

第一个对象，它可以为实现认识的目的而效劳。尽管如此，瓦格纳毫无道理地喜欢把他自己比作梦的阐释者，而不是做梦的人。然而，解释梦的人必须足够弱，也必须足够强，这样才能毫无保留地沉浸在梦里。在《特里斯坦与伊索尔德》中，我们发现的不仅仅是梦和死亡的欢庆音乐，不仅是在现实中从未"被救赎冷却"的无意识的兴奋——作为不自由的、无意识的兴奋，它就像叔本华哲学中的快乐那样可望而不可即，所以只是假装在救赎中。《特里斯坦与伊索尔德》第三幕的狂热乐段包含了黑色、生硬、刺耳的音乐，它不是预告前景，而是揭露了它。音乐，一切艺术中最有神奇魅力的艺术，学会了如何打破它施加于人物身上的魔咒。当特里斯坦诅咒爱情时，这并不是狂喜向禁欲主义的无能的献祭。它是反抗——尽管无用，是音乐对统治它的铁的法则的反抗。音乐只有在它被那些法则全面统治、决定的时刻才获得了自决的力量。《特里斯坦与伊索尔德》中紧接着"那可怕的药"之后的乐段正站在现代音乐的门槛上，而在现代音乐的第一部经典作品，即勋伯格的升F小调四重奏里，我们看到了这样的词句："把我的爱拿走，把你的幸福给我！"[1] 这意味着，在我们生活的这个世界上，爱和幸福都是虚假的。爱的一切权力都移交给了它的对立面。任何能从瓦格纳的管弦乐队的震耳欲聋的声浪中捞到这样的金子的人，都会获得它的变音的奖赏。因为它将让他获得安慰：纵然有狂喜和幻境，它却一直拒绝给人安慰。让绝望者的恐惧发声，就让绝望者发出了求救信号，无论多么微弱，多么扭曲。这样一来，它将更新包含在音乐的古老抗议里的承诺：对没有恐惧的生活的承诺。

---

[1] "把我的爱拿走，把你的幸福给我！"出自斯特凡·格奥尔格的诗《连祷歌》。——英译者注

图书在版编目（CIP）数据

　　探究瓦格纳 /（德）特奥多·阿多尔诺著；夏凡译
.—杭州：浙江大学出版社，2021.8
　　书名原文：Versuch über Wagner
　　ISBN 978-7-308-21334-9

　　Ⅰ.①探…　Ⅱ.①特…　②夏…　Ⅲ.①瓦格纳（
Wagner，Wilhelm Richard 1813—1883）—人物研究　Ⅳ.
① K835.165.76

　　中国版本图书馆 CIP 数据核字（2021）第 083461 号

探究瓦格纳

［德］特奥多·阿多尔诺　著　夏凡　译

责任编辑	伏健强	
责任校对	黄梦瑶	
装帧设计	祁晓茵	
出版发行	浙江大学出版社	
	（杭州天目山路148号　邮政编码310007）	
	（网址：http:// www.zjupress.com）	
排　　版	北京楠竹文化发展有限公司	
印　　刷	河北华商印刷有限公司	
开　　本	635mm×965mm　1/16	
印　　张	9	
字　　数	108千	
版 印 次	2021年8月第1版　2021年8月第1次印刷	
书　　号	ISBN 978-7-308-21334-9	
定　　价	48.00元	